Dr. Kari Köster-Lösche
Rinderwahnsinn – BSE

Dr. Kari Köster-Lösche

Rinderwahnsinn – BSE

Die neue Gefahr aus dem Kochtopf

Ratgeber Ehrenwirth

Die Deutsche Bibliothek – CIP-Einheitsaufnahme

Köster-Lösche, Kari:
Rinderwahnsinn, BSE : die neue Gefahr aus dem Kochtopf /
Kari Köster-Lösche. – 2. Aufl. – München : Ehrenwirth, 1996
(Ratgeber Ehrenwirth)
ISBN 3-431-03415-2

ISBN 3-431-03415-2

Umschlag: Rainald Schwarz, München
Umschlagfoto: Tony Stone, München
Satz: ew print & medien service gmbh, Würzburg

Inhalt

Vorwort

An dieser Stelle hätte eigentlich das Vorwort eines bekannten und renommierten Fachmannes, Kapazität für spongiforme Hirnerkrankungen bei Mensch und Tier, auf den Inhalt einstimmen sollen.
Ich habe darauf verzichtet.
Ich hätte einen Kollegen in Verlegenheit gebracht. Ohne es zu wollen, hätte ich ihn zu Ausflüchten verschiedener Art veranlaßt. Wegen seiner Notlügen wäre er ungehalten und ich ratlos gewesen.
Dasselbe wäre wohl passiert, wenn ich einen Politiker um ein Geleitwort gebeten hätte.
Es kennzeichnet nämlich die Debatte um die Gefahren des Rinderwahnsinns für den Menschen, daß die meisten Wissenschaftler im Staatsdienst sowie Politiker sich bedeckt halten, wenn es um eine Stellungnahme vor Zeugen geht. »Haben Sie keine Angst um Ihre Fensterscheiben?« wurde ein Teilnehmer einer bevorstehenden Talkshow im Kollegenkreis gefragt. Seine vor Zuschauern geäußerte Meinung war danach überraschend zahm.
Dabei dürften die Fensterscheiben das geringere Problem sein. Eher geht es darum, daß es der Karriere und der gesellschaftlichen Anerkennung nicht förderlich ist, eine unpopuläre Meinung zu wissenschaftlichen Thesen zu vertreten. Der einzige Gewinn ist ein gerades Rückgrat, aber für die meisten Menschen wiegt dieses die abzusehenden Verluste nicht auf. Das ist bei Wissenschaftlern und Politikern nicht anders als bei den übrigen Menschen…
Da ich selber den Rinderwahnsinn für eine ziemlich normale – jedenfalls nicht besonders ungewöhnliche – Infektionskrankheit halte, begannen solche Mechanismen bei den Kollegen für mich erst mit zunehmender Dicke meines Manuskriptes transparent zu werden. Als es fertig war, entschloß ich mich, niemandem Rückenschmerzen und Lippenakrobatik zuzumuten.

Dr. med. vet. Kari Köster-Lösche

Rinderwahnsinn: eine neue Seuche?

Für Fachleute wie Virologen und Mikrobiologen ist es beim Auftreten eines neuen und bis dahin unbekannten Infektionserregers selbstverständlich, festzustellen, um was es sich dabei handelt, wie man den Krankheitskeim bekämpfen und wie man erkrankte Menschen oder Tiere behandeln kann.

Geforscht wird ungeachtet der Ergebnisse. Noch bevor ein einziger Schritt zur Aufklärung getan wird, weiß man bereits, daß beim Kampf gegen diese Krankheit persönliche Unannehmlichkeiten oder berufliche Härten entstehen können – für einzelne Menschen, für eine Berufsgruppe oder für viele Menschen.

Trotzdem ist es weder sinnvoll noch zweckmäßig, den Kopf in den Sand zu stecken. Eines steht nämlich fest: eine Seuche zu bekämpfen ist schwieriger und teurer, je weiter sie um sich greift. Man tut es deshalb besser früher als später.

Möglicherweise wird man während des Kampfes gegen die Seuche mit Interessengruppen verschiedenster Art kollidieren. Nicht jeder ist bereit zu akzeptieren, daß die Gesundheit anderer vor den eigenen wirtschaftlichen Interessen zu rangieren hat. Konfliktträchtig ist deshalb besonders der Grenzbereich, in dem das berechtigte Streben der einen Seite nach materiellen Gütern, Existenz oder persönlicher Freiheit dem mindestens ebenso berechtigten Streben der anderen Seite nach Erhaltung ihrer Gesundheit entgegensteht und kein vernünftiger Kompromiß gefunden werden kann.

Solange es um eine heilbare Krankheit geht, kann man durchaus Kosten und Nutzen gegeneinanderstellen und sich dann entscheiden, nichts zu tun. Aber bei einer tödlichen Krankheit? Kann man es als einen kalkulierbaren Kompromiß bezeichnen, wenn dank eingeleiteter Maßnahmen zwar weniger Menschen sterben werden, aber nicht der Tod aller potentieller Opfer verhindert wird? Ist ein Kompromiß überhaupt möglich, wenn es um Menschenleben geht?

Zur Verdeutlichung der Situation, in der wir uns zur Zeit beim Rinderwahnsinn befinden, folgendes Beispiel:

Die Estonia ging wegen nicht ausreichender Sicherheitssysteme unter, hatte jedoch für das Gewässer eine Ausnahmegenehmigung. Wir wissen inzwischen,

daß die Bugklappenaufhängung dieser Roll-on-roll-off-Schiffe einen kritischen Bereich darstellt, darüber hinaus das nächstgelegene Schott einen Wassereinbruch nicht aufhalten kann, wenn es beim Verlust der Bugklappe beschädigt wird. Die sicherste Maßnahme für Schiffe dieses Typs wäre die Verschweißung der Bugklappen – es würde jedoch den Reedereien immense Kosten aufbürden, vor allem, weil das preisgünstige Roll-on-roll-off-System aufgegeben werden müßte.
Die Frage ist also: Muß man um der Sicherheit willen alle Reedereien dieses Fährtyps zum Umrüsten zwingen? Oder wollen wir uns mit der Argumentation zufriedengeben, daß die entscheidenden, gefährlichen Wind- und Wetterbedingungen nur äußerst selten vorkommen? In der stillen Hoffnung jedes einzelnen, daß er im Ernstfall nicht an Bord ist.
Über eine derartige Sachfrage hinaus pflegt in der Regel sofort das Arbeitsplatzargument zu folgen. Aber kann man 1000 ständige Arbeitsplätze gegen das Risiko von 1000 verlorenen Menschenleben aufrechnen?

Grob betrachtet, ist die Situation derzeit beim Rinderwahnsinn dieselbe wie beim Bugklappenphänomen. Sie spitzt sich auf die Frage zu: Sollen wir grundsätzlich Menschenleben über wirtschaftliche Güter stellen? Wenn wir das wollten, wüßten wir sehr genau, was wir zu tun haben.

Rindermassensterben mit neuartigen Symptomen

Zum besseren Verständnis soll hier zunächst einmal die Geschichte dieser Epidemie bis zum derzeitigen Stand beleuchtet werden. Sofern man alle Einzelschritte bis zur vollständigen Aufklärung eines Krankheitserregers als Geschichte der Krankheit betrachten möchte, befinden wir uns derzeit noch mitten darin...

Es mag – vielleicht – schon früher den »Rinderwahnsinn« gegeben haben, vielleicht so lange, wie es die Krankheit gibt, die wir beim Schaf Scrapie nennen und die bereits seit 1732 bekannt ist. (Über Scrapie weiter unten.)
Aber wenn, wäre der Rinderwahnsinn höchstens in Einzelfällen vorgekommen, und niemand hätte die unklaren Symptome mit einem Krankheitsnamen benennen können. In der Regel hätte der Tierarzt auf

bestimmte Gehirnerkrankungen getippt wie Tollwut, Aujeszkysche Krankheit (Viruserkrankungen) oder Listeriose (Bakterienerkrankung). Befallene Rinder wären getötet und zur Tierkörperbeseitigungsanstalt gebracht, in manchen Fällen gar nicht mal untersucht worden. Tot ist tot, und die Diagnose bessert den wirtschaftlichen Verlust auch nicht.
Als allerdings 1985 in den USA Nerze nach der Verfütterung von Rindfleischkadavern an einer bereits bekannten Krankheit (TME, siehe weiter unten) starben, wurde ein erster Verdacht veröffentlicht, daß es eine Scrapie-ähnliche Krankheit auch bei Rindern geben könnte.
Aber erst die tödliche Epidemie bei vielen Tieren und in mehreren Rinderherden Englands war auffällig genug, um die Wissenschaftler zu Nachforschungen anzuspornen.
Im November 1987 wurde im englischen Fachorgan *Veterinary Record* die neue Rinderseuche zum erstenmal beschrieben. Da waren es 21 Fälle, ein halbes Jahr später schon 421. Bis zum Frühjahr 1995 wurden etwa 140 000 verdächtige bzw. erkrankte Rinder getötet, jedoch ist die Dunkelziffer hoch, und die Schätzung mancher Fachleute liegt im Frühjahr 1995 bei 500 000 infizierten Rindern.
Betroffen waren zunächst anscheinend nur Milchrinder. Hochbeiniger, staksiger Gang fiel auf der Weide an ihnen auf; manche standen untypisch – wie Pferde – vom Boden auf, andere spielten mit den Ohren wie beunruhigte Esel, leckten sich fast zwanghaft das Maul oder die Flanken, scheuerten den Kopf an Gegenständen oder kratzten sich mit den Klauen der Hinterbeine. Ärgerlich für die Landwirte war, daß manche übernervösen Kühe sogar bissen oder die Melkanlagen demolierten. Und abwechselnd mit ihrer Aggressivität waren sie plötzlich ängstlich in altbekannten Situationen, wie beim Gang durch Tore oder dem Besteigen von Stufen, aber auch gegenüber ihnen bekannten Menschen. Und der Milchertrag ging in alarmierender Weise zurück.
Recht bald nach diesen Anfängen pflegten sich bei den erkrankten Kühen Bewegungsstörungen einzustellen, bis sie auf dem Boden festlagen, ohne wieder auf die Beine zu kommen. Die Tiere magerten ab, da sie nicht mehr fressen konnten, und starben schließlich nach ein paar Wochen. Helfen konnte man ihnen nicht. Kein herkömmliches Medikament war in der Lage, den tödlichen Ausgang der Krankheit abzuwenden oder aufzuschieben.
Die Gesamtheit dieser Symptome, die ein ziemlich festumschriebenes Krankheitsbild ergab, war Landwirten und Veterinären unbekannt. Eine solche Erkrankung gab es bis dahin nicht.

Die Fachleute kreisen die Ursachen ein

Ziemlich bald fand man eine Menge Dinge heraus, die als Ursachen für die neue englische Rinderseuche nicht gelten konnten. Unter anderem gehörten dazu Medikamente und innerhalb der Landwirtschaft benutzte Chemikalien; die Krankheit war außerdem weder erblich bedingt noch mit erkrankten Importtieren ins Land gebracht worden. Nirgendwo sonst gab es sie.

Allerdings kannten die Schafzüchter eine Krankheit bei Schafen, die ziemliche Ähnlichkeit aufwies. Sie hieß Scrapie.

Jedoch hatte es diese Krankheit, bei der den Schafen die Haut in geradezu quälerischer Weise juckte, noch nie bei Rindern gegeben.

Die Wissenschaftler begannen mit kriminalistischem Spürsinn, die Daten jedes erkrankten Rindes zu erfassen: Wo stammte es her, waren die Mutter, der Vater, die Geschwister erkrankt, wie war es gefüttert, geimpft und gehalten worden, wo lebte es in England, hatte es Kontakt zu anderen erkrankten Rindern oder zu Scrapie-kranken Schafen?

Die Nachforschungen ergaben nach Ausschluß aller anderen Möglichkeiten, daß die gemeinsame Wurzel der Erkrankungen im Futter liegen mußte: Die erkrankten Tiere hatten zur etwa gleichen Zeit Knochen- und Fleischmehl als Futterzusatz erhalten. Die Mehrheit von ihnen war etwa 4 bis 6 Jahre vorher erstmals mit diesem Futter in Berührung gekommen.

Da man in England dem Milchviehfutter zur Steigerung der Milchleistung schon lange tierisches Eiweiß zuzusetzen pflegte, konnte diese Tatsache allein nicht die Ursache sein. Es stellte sich jedoch heraus, daß darüber hinaus in der Mitte der 70er Jahre im Zusammenhang mit dem verdächtigten Futter mehrere Dinge geschehen waren.

- Die Zahl der Schafe in England wurde drastisch erhöht, womit automatisch auch die Zahl Scrapie-befallener Schafe stieg. Man sprach geradezu von einer Epidemie. Deren Kadaver kamen in die Tierkörperbeseitigungsanstalten.
- Darüber hinaus gingen mehr Schafsköpfe (von scheinbar gesunden, in Wirklichkeit aber infizierten Schafen) in die Talgproduktion der Tierkörperbeseitigungsanstalten.
- Die Talggewinnungsprozedur aus Tierkadavern wurde verändert: Fett wurde nun bei niederen Temperaturen und zunehmend ohne kohlenwasserstoffhaltige Lösungsmittel kontinuierlich ausgelassen.

Diese Faktoren hatten in ihrer Summe eine katastrophale Wirkung auf das Milchvieh. Sie boten nämlich dem Krankheitserreger von Scrapie, von dem man bis dahin nur wußte, daß er irgendwie infektiös war, die Chance, vom Wiederkäuer Schaf auf den Wiederkäuer Rind zu wechseln. Denn erstens waren nun mehr Infektionserreger im Ausgangsmaterial des Knochenmehls vorhanden, und zweitens reichten die Temperaturen oder die Erhitzungsdauer nicht mehr aus, um den Erreger ganz abzutöten.

Es war ein Werdegang einer Seuche, zufällig und ungezielt, wie der der meisten anderen auch, z. B. wie der von Aids – nichts Besonderes also. Und ähnlich wie bei der echten Virusgrippe war hier durch menschliches Eingreifen eine Epidemie entstanden, welche die sich selber überlassene Natur bestimmt nicht »erfunden« hätte.

Früher nur beim Schaf bekannt …

Untersuchungen an Gehirnschnitten brachten es zutage. Die anatomischen Veränderungen im Gehirn der Rinder waren denen von Schafen mit der schon lange bekannten Scrapie-Krankheit ganz ähnlich: Zerstörung von Nervenzellen im Gehirn, besonders im verlängerten Rückenmark, und die Bildung von kleinen und größeren Löchern, den Vakuolen, in der Gehirnsubstanz.

Die Löcher haben den Anlaß zu der Bezeichnung schwammartig = spongiform gegeben, so daß man die Krankheiten heute unter dem Begriff ›übertragbare spongiforme Enzephalopathien‹, also schwammartige Gehirnerkrankungen, zusammenfaßt. Erst später konnte aufgeklärt werden, daß mit diesem Prozeß die Bildung von fehlerhaftem Eiweiß in den Gehirnzellen einhergeht, dem sogenannten Amyloid, das jedoch nicht immer nachgewiesen werden kann.

Es war ganz klar, daß die Symptome der kranken Rinder, die allesamt auf eine Gehirn-Rückenmarks-Erkrankung hinwiesen, von den Ausfällen in den Nervenzellen von Gehirn und Rückenmark herrührten. Und je nachdem, wo der Prozeß im Gehirn stattfand, herrschten unterschiedliche Symptome vor.

Die Vermutung lag nahe, daß es sich bei Rindern und Schafen um ein und denselben Erreger handeln müsse …

Geschichte von Scrapie in Deutschland. In Deutschland war die Schafkrankheit schon seit etwa 200 Jahren bekannt. Sie hieß wegen der merkwürdigen Gangart der Schafe Traberkrankheit, liebevoll-harmlos auch **Gnubberkrankheit**; dabei bissen sich die Schafe geradezu zwanghaft in die Wolle und scheuerten sich an allem, was in die Nähe kam.
Dieses Jucken der Haut war überhaupt vorherrschendes Anfangszeichen der Schafkrankheit. Später wurde der Gang der Schafe unsicher oder steifbeinig wie beim trabenden Pferd; manche knirschten mit den Zähnen und verloren ihre Stimme, sie konnten aggressiv werden und starben schließlich nach mehreren Wochen.
Große Erfahrung hatten die deutschen Schafzüchter mit der Erkrankung allerdings nicht. Denn trotz der unvollkommenen Kenntnisse über die Ursachen des Gnubberns wurden befallene Schafe in Deutschland getötet – und mit ihnen die gesamte gesunde Herde. Hart, aber als tierseuchenrechtliche Maßnahme effektiv: die Krankheit war in Deutschland nie zur Schafseuche geworden, und das im Land erzeugte Schaffleisch war unbelastet.
Der jüngste deutsche Fall der Traberkrankheit wurde 1990 in Baden-Württemberg entdeckt – 42 Jahre nach dem letzten Vorkommen. Dabei handelte es sich um ein Anfang der 80er Jahre aus Frankreich importiertes Schaf, das einer englischen Rasse entstammte. Außer dem erkrankten Schaf wurden alle 1125 gesunden Tiere dieser Herde getötet, zu Tiermehl verarbeitet und als Sondermüll verbrannt.
Eins ist sicher: eine Verfahrensänderung in einer deutschen Tierkörperbeseitigungsanstalt hätte keine hygienische Katastrophe heraufbeschworen, denn der Erreger war äußerst selten. Zu verdanken haben wir dieses einer wirkungsvollen Tierseuchenbekämpfung.

Geschichte von Scrapie in England. Anders in England: dort war der Scrapie-Erreger seit 1732 bekannt, aber man hatte nie etwas gegen ihn unternommen. In der Mitte des 18. Jahrhunderts muß die Krankheit die Ausmaße einer Epidemie angenommen haben, denn sie hatte sogar Petitionen an die Regierung zur Folge: Die Ernsthaftigkeit der Krankheit und die enormen wirtschaftlichen Verluste wurden öffentlich beklagt. Zu dieser Zeit diskutierte man in England leidenschaftlich und völlig offen über Scrapie.
Im Süden Englands tobte Scrapie besonders heftig: alle Herden waren befallen, und manche Herde wurde größtenteils von ihr ausgelöscht. Aber auch weiter nördlich trat Scrapie auf.

Warum es im 19. Jahrhundert stiller um Scrapie wurde, weiß man nicht. Sicher ist nur, daß Scrapie Ende des 19. Jahrhunderts das Grenzgebiet zwischen England und Schottland erfaßte und die Diskussion erneut aufflackerte.
Die prophylaktische Tötung befallener Herden wurde in England nie praktiziert. Durch Kauf, Verkauf und Zucht von Schafen wurde die Krankheit deshalb allmählich gleichmäßig über das ganze Land verteilt. In der Mitte der 70er Jahre dieses Jahrhunderts ging erneut eine Scrapie-Epidemie durch das Land. Damals verendeten die englischen Schafe herdenweise.
Häufig wurden in den Herden die Zuchttiere von der Seuche erfaßt, also die älteren Schafe. Da die Jungtiergeneration als Schlachttiere verkauft wurden, ließ sich das Ausmaß des Befalls in solchen Fällen kaum ermitteln. Die Variationsbreite erstreckte sich von 1 bis 2 kranken Schafen pro Herde bis zum Erlöschen der gesamten Herde durch Scrapie. Selbst die Angabe durch den Besitzer, daß die Herde frei sei, mußte nicht stimmen: Scrapie wurde allmählich zum bestgehüteten Geheimnis unter den Schafzüchtern. Heutzutage ist bei einem großen Teil der englischen Schafherden mindestens schon einmal ein Scrapie-Fall vorgekommen.
Meistens erkranken die Tiere ab einem Alter von 2 bis 3 Jahren, bevorzugte Rassen gibt es nicht. Jedoch hatte es für frühere Untersucher den Anschein, als ob die Krankheit in Inzuchtherden besonders häufig vorkomme und die Vererbung eine Rolle spiele.

Heutiges Vorkommen von Scrapie. Scrapie wird weltweit beobachtet, praktisch überall, wo Schafhaltung und gleichzeitig eine veterinärmedizinische Betreuung existiert, die in der Lage ist, die Diagnose zu stellen. Sehr wahrscheinlich gibt es Scrapie auch dort, wo extensiver Weidebetrieb herrscht mit weit und breit keinem Tierarzt. In viele Länder wurde Scrapie durch importierte englische Schafe eingeschleppt.
Neben Island und Skandinavien hat es Scrapie in Süd- und Südosteuropa, Nordamerika, Südafrika, Indien, China, Japan, Australien und Neuseeland gegeben. In manchen Ländern wurde die Seuche durch hygienische Maßnahmen wieder getilgt.
Erschwert wird das Aufspüren der Infektion auch dadurch, daß die Erkrankung manchmal erst nach bis zu 5 Jahren ausbricht: bis dahin hat ein Mutterschaf schon viele Lämmer geworfen und mehrere von ihnen angesteckt. Wenn das Schaf nicht zur Zucht verwandt wird, ist es viel-

leicht schon aufgegessen, bevor auch nur irgend jemand ahnt, daß sich irgendwo in diesem Tier der Scrapie-Erreger verbirgt.

Varianten beim Menschen

Die merkwürdige Strukturveränderung im Gehirn befallener Schafe und Rinder glich der, die man auch von einigen Erkrankungen des Menschen kannte. Allerdings waren die Eiweißablagerungen bei den menschlichen Patienten im Gegensatz zu den tierischen häufig besonders auffallend.
Gegenwärtig werden zu diesem Krankheitskreis die Creutzfeldt-Jakob-Krankheit, Kuru, das Gerstmann-Sträussler-Scheinker-Syndrom und die letale familiäre Insomnie gerechnet. Aber die Abgrenzungen der einzelnen Krankheitsbilder sind weder klinisch ganz klar definiert, noch lassen sie sich pathologisch-anatomisch sauber auseinanderhalten. Zudem sind einige ganz klar infektionsbedingt, andere wiederum scheinen erbbedingte Familienkrankheiten zu sein. Bis dieses alles wissenschaftlich geklärt ist, müssen wir uns mit fließenden Grenzen abfinden.
Diese schwammartigen Gehirnerkrankungen wurden beim Menschen das erste Mal vor etwa 200 Jahren erwähnt. Aber noch vor wenigen Jahren zeichneten sie sich hauptsächlich dadurch aus, daß kaum ein praktischer Arzt sie genauer kannte. Man kümmerte sich auch nicht um sie. Denn sie kamen fast nur beim älteren Menschen vor und galten infolgedessen als eine Alterserscheinung. Eines ihrer wesentlichen klinischen Symptome war die Vergeßlichkeit, und die hielt man für mehr oder minder normal bei älteren Menschen.
Aber dann bekam man es mit einer neuen Variante zu tun: Kuru bei den Kannibalen Neuguineas sorgte für einige Aufregung.

Die merkwürdige Seuche der Kannibalen Neuguineas

Mitte der 50er Jahre dieses Jahrhunderts untersuchten einige Wissenschaftler eine Erkrankung, die ausschließlich bei einem Bergvolk Neuguineas, den Fore und ihrer unmittelbaren Nachbarschaft, umging. Die Krankheit gab es dort erst seit einigen Jahrzehnten, aber die Menschen wußten sehr gut über sie Bescheid: über den schleichenden Beginn, die

dramatische Verschlechterung des Gesundheitszustands innerhalb weniger Monate und das unausweichlich tödliche Ende. Sie kannten sie deshalb so besonders gut, weil in manchen Gemeinden bis zur Hälfte der jährlich Verstorbenen an Kuru erkrankt war.
Kuru hieß: das Zittern oder Schütteln.
Ein kaum bemerkbares Zittern der Finger oder Füße war das erste Anzeichen. Zielbewegungen mit den Fingern konnten nicht mehr präzise ausgeführt werden, und häufig bemerkten dies sogar zuerst die Angehörigen. Einige sehr aufmerksame Kranke allerdings meinten, sie hätten davor noch Schmerzen in den Knien und im Kopf gehabt, manche auch ein leichtes Unwohlsein mit Fieber, Husten und Schnupfen.
Innerhalb weniger Monate griff das Zittern auf den ganzen Körper über, unter anderem auch auf die Zunge, so daß die Sprache sich bei zunächst nicht beeinträchtigter Intelligenz bis zur Unverständlichkeit veränderte. Auffällig war bei vielen das unvermittelt laute Lachen bei geringstem Anlaß, wohingegen die wenigsten aggressiv wurden, aber auch das gab es. Solange die Kranken noch in der Lage waren, auf ihren Füßen zu stehen, waren sie voll in die Gemeinschaft integriert. Wenn dies nicht mehr der Fall war, blieben sie in der dunklen Hütte liegen, unfähig, Urin und Stuhl zurückzuhalten, bald auch nicht mehr in der Lage zu kauen und zu schlucken... Sie wurden dem Tod durch Verhungern überlassen. Drei bis sechs Monate nach dem Ausbruch des ersten Krankheitszeichens waren sie tot.
Die Wissenschaftler versuchten, die Krankheitsursache einzukreisen. Erste Fälle waren ab etwa 1924 aufgetreten, ab 1934 breitete sich die Krankheit epidemieartig aus. Betroffen waren überwiegend Frauen und (männliche wie weibliche) Kinder. Die jüngsten Patienten waren 2 Jungen von 4 bis 5 Jahren, noch jüngere waren den Fore auch aus der Erinnerung nicht bekannt. Erschreckend, jedoch unerklärbar blieb der Bericht der Einheimischen, daß nicht selten nach dem Kuru-Tod der Mutter deren Kinder nacheinander ebenfalls an Kuru starben, nicht zur gleichen Zeit, jedoch immer im gleichen Alter.
Die Wissenschaftler überprüften alle Möglichkeiten: von der Vererbung bis zur Vergiftung. Eine Infektion als Ursache wurde verworfen. Am besten paßte die Erbtheorie – hätte es nicht die wenigen Fälle von Frauen gegeben, die aus einer Kuru-freien Gegend in eine Fore-Familie einheirateten und dort prompt die Krankheit bekamen.
Erste Andeutungen, daß Kuru sehr ähnlich der Schafkrankheit Scrapie zu sein scheine, von der man seit den 30er Jahren wußte, daß sie infek-

tiös ist, gaben den Wissenschaftlern einen neuen Impuls zur Ursachenforschung.
Die Lösung des Rätsels ergab: Kuru ist tatsächlich eine Infektionskrankheit, bei der die Erreger durch ein Begräbnisritual weitervermittelt wurden. Beteiligt am Ritual waren hauptsächlich die Frauen aus der Verwandtschaft des Toten sowie weibliche und männliche Kinder. Die Jungen nahmen vom Krabbelalter bis zu dem Zeitpunkt teil, an dem sie als Mann in die Männergemeinschaft überwechselten. Die Mädchen aber übernahmen als junge Frauen ihrerseits die Verantwortung für die Durchführung des Rituals.
Während der Trauerfeier wurde Gehirnmasse des beklagten Toten über das Gesicht der Trauernden verstrichen. Bei den Kindern übernahmen das die Mütter, wahrscheinlich die eine sorgfältig, die andere flüchtiger. Vermutlich hat Sorgfalt dem Kind einen besonders frühen Tod beschieden, weil der in der Gehirnmasse des Toten vorhandene Erreger dann zuverlässig in den Mund und die Augenschleimhäute geriet. Von den Augen ist der Weg ins Gehirn kurz und möglicherweise – im Sinne eines Infektionserregers – effektiver als nach dem Abschlucken in den Magen. Abgesehen von den durch die Infektion Gestorbenen, gab es im Zusammenhang mit Kuru weitere Tote. Die Verwandten des Kuru-Kranken versuchten durch magische Riten herauszufinden, wer ihm die Krankheit an den Hals gehext hatte. Der Unglückliche wurde anschließend durch Durchbeißen seiner Luftröhre und andere gezielt angebrachte Mißhandlungsmethoden von den Verwandten ermordet. In jeder Beziehung also war es für das Volk der Fore ein glücklicher Umstand, daß der Kannibalismus und dazugehörige Riten verboten wurden: seitdem gibt es kaum mehr Kuru.

Creutzfeldt-Jakob-Krankheit: eine »normale« Alterserscheinung?

Viel länger als Kuru war eine Krankheit bekannt, die nach ihren ersten Beobachtern als Creutzfeldt-Jakob-Krankheit (im folgenden nach englischem Brauch als CJD abgekürzt) bezeichnet wurde. Sie galt zunächst als eine Art Alterserscheinung, wenn man auch feststellte, daß sie zuweilen bei jüngeren Menschen vorkam.
Darüber hinaus wußte man, daß die Krankheit in manchen Familien gehäuft auftrat, also erblich zu sein schien – irgendwie.

Da aber die Krankheit insgesamt nur sehr selten vorkam – unter 1 Million Menschen 1 CJD-Kranker – widmete man ihr keine große Aufmerksamkeit. Erst in den letzten Jahren hat sich das geändert. Man stellte fest, daß auch CJD als Infektionserkrankung übertragen werden kann. Eine kleine Zahl von CJD-Kranken hat sich nachweisbar angesteckt, bei einem weiteren Teil scheint sie erblich zu sein.
Bei der größeren Zahl ist die Ursache der CJD noch nicht bekannt. Vermutlich wird die Ursache durch epidemiologische Untersuchungen aufgedeckt werden können, Untersuchungen also, bei denen man versucht, die Gemeinsamkeiten von Patienten so weit zurückzuverfolgen, bis man die mögliche Schadensursache gefunden hat.

CJD als beweisbare Infektion: Ganz sicher haben sich manche Menschen CJD als Folge unterschiedlicher chirurgischer Eingriffe zugezogen. Dazu gehören Operationen, Implantationen, Transplantationen und Hormongaben. In allen Fällen ließen sich die CJD-Erkrankungen auf einen unerkannten CJD-Kranken zurückführen, der am Anfang der Kette stand. Daß der CJD-Erreger an Elektroden, am Operationsbesteck bzw. an Organmaterialien haften konnte, hatte man bis dahin nicht gewußt. Selbstverständlich waren dabei alle Instrumente und Materialien mit den üblichen Verfahren desinfiziert worden, so daß man annehmen konnte, die gewöhnlichen Infektionserreger beseitigt zu haben.
Und obwohl die Erkrankung sich gewöhnlich erst im späteren Lebensalter bemerkbar macht, dauerte es in diesen Fällen bei weitaus jüngeren Menschen nur einige Monate bis zum Ausbruch erster Erscheinungen. Die Diagnosen wurden meistens 18 bis 33 Monate nach der Manipulation im Gehirnbereich einschließlich des Sehnervs gestellt. Bei Patienten, denen infizierte Hormone in den Muskel injiziert worden waren, benötigte der Erreger allerdings 13 bzw. 14 Jahre, um Ausfallserscheinungen im Gehirn zu verursachen.
Die CJD beginnt bei einem Teil der Patienten mit Müdigkeit, Schlafstörungen und Appetitverlust. Andere bemerken zuerst Schmerzen in den Knien, ungenauer werdende Bewegungen oder eine Einschränkung des Gesichtsfeldes, bald darauf einen schnell zunehmenden Gedächtnisverlust. Meistens schreiten diese unscheinbaren Anfangssymptome innerhalb weniger Monate fort, bis unwillkürliche, ruckartige Muskelzuckungen den Patienten ins Bett zwingen und der Tod unausweichlich folgt.

CJD in Fällen mit ungeklärter Ursache: Eine Verbindung zwischen der Schafkrankheit Scrapie und dem statistisch auffallend ausgeprägten Vor-

kommen (30mal höher als der weltweite Durchschnitt) von CJD vermutete man zunächst bei libyschen Einwanderern in Israel, bei denen Augäpfel, Gehirn und Rückenmark von Schafen als Delikatesse galt. Immerhin noch vierfach erhöht war das Vorkommen bei nordafrikanischen Einwanderern nach Frankreich mit ähnlichen Eßgewohnheiten.
Entkräftet wurde die Vermutung durch die Tatsache, daß andere jüdische Einwanderer in Israel mit gleichen Eßgewohnheiten wiederum keine erhöhte CJD-Rate aufwiesen und daß alle französischen Fälle auf zwei jüdische Familien zurückgeführt werden konnten.
Statt dessen entdeckte man bei den betroffenen israelischen Familien eine Variante des Gens, das für den Bauplan eines bestimmten Eiweißes im Gehirn zuständig ist. Das fehlerhafte Eiweiß kann nicht abgebaut werden und lagert sich folglich in den Gehirnzellen ab – es handelt sich um das gleiche Amyloid, das bei Schafen und Rindern gefunden wurde. Dieses Gen wurde aber auch bei gesunden Verwandten aufgespürt. Oder waren sie lediglich noch gesund? Viele Rätsel tauchten auf, die noch nicht geklärt sind. Sicher ist jedoch, daß unter den Juden libyscher Herkunft die Krankheit heute doppelt so oft vorkommt wie vor 20 Jahren.
Ebenso erregte die Häufung von CJD in zwei slowakischen Bezirken Aufmerksamkeit, vor allem, weil die Erkrankten sich mit Schafzucht und Schlachterei befaßten. Die Krankheit wurde dort lautmalend als Baku-Baku bezeichnet, weil das sinnlose Wiederholen bestimmter Sätze für die Kranken charakteristisch war. Auch die stereotypen Bewegungen fielen als Besonderheit auf. Die Kranken starben etwa 8 Monate nach den ersten Anzeichen.
Aus Zeiten, in denen weder öffentlich über Scrapie bei Schafen diskutiert wurde, noch die BSE-Epidemie bei Rindern überhaupt begonnen hatte, stammen weitere Berichte über familiär gehäuft auftretende CJD bzw. die mit ihr früher oft verwechselte Alzheimersche Krankheit – ebenfalls eine »Alterskrankheit«.
So gab es zwei Brüder und den Sohn des einen, die im Fleischgeschäft arbeiteten und alle CJD bekamen; 6 Verwandte, die keinen besonderen Kontakt mit Fleisch hatten, waren gesund. Ein weiteres Brüderpaar, beide 25 Jahre im Fleischergeschäft tätig, liebte kurzgekochtes Schaf- und Rinderhirn. Beide erkrankten an Alzheimer; ihre 3 gesunden Verwandten – ohne die genannte Vorliebe – waren niemals im Geschäft tätig.
Creutzfeldt selber, der Anfang des 20. Jahrhunderts als erster die Erkrankungsform bei einer 23jährigen Frau beschrieb, schilderte den

schwankenden Gang der Patientin, die psychische Veränderung mit den unmotivierten Lachausbrüchen, ihre abgehackte Sprechweise, das schnelle tödliche Ende der Krankheit mit den Schluckstörungen kurz vor dem Tod. Von den 5 Geschwistern der Frau befanden sich 2 in einer psychiatrischen Anstalt, und sie selber war auch zuerst mit psychischen Absonderlichkeiten auffällig geworden.
Bemerkenswert sind auch mehrere wissenschaftliche Berichte, nach denen Ehefrau und Ehemann im Abstand von wenigen Monaten bzw. Jahren an CJD starben.

Ererbt: das Gerstmann-Sträussler-Scheinker-Syndrom?

Eine weitere Erkrankung mit schwammartigen Gehirnveränderungen und ausgeprägten Amyloidablagerungen im Gehirn, kurz GSS genannt, wurde schon 1928 beschrieben. Sie stellte sich zuerst als familäre Krankheit, sogar als Erbkrankheit dar. Das Gen, das für die Herstellung eines bestimmten Eiweißes zuständig ist, das sogenannte PrP-Gen, ist verändert. GSS kommt noch seltener als CJD vor, nur 1 bis 10 Fälle auf 100 Millionen Menschen.
Im Experiment stellte sich dann aber GSS als infektiös heraus. Man kann sie also nicht einfach als Erbkrankheit abspeichern: vielmehr muß es Mechanismen der Infektion geben, die wir nicht durchschauen. Es ist andererseits nicht ganz sicher, ob wir es mit zwei verschiedenen Formen zu tun haben, einer infektiösen und einer nichtinfektiösen.
Die Symptome der Krankheit sind ähnlich wie die schon beschriebenen: motorische Störungen und Demenz. Im Durchschnitt setzt die Erkrankung mit etwa 40 Jahren ein.
Eine erst kürzlich entdeckte, ebenfalls ererbte, noch seltenere Krankheitsform, die letale familiäre Insomnie, gehört auch zu diesen Krankheiten, soll hier aber nur der Vollständigkeit wegen erwähnt werden.

Verdächtigt: Alzheimer-Krankheit

Zunehmend gerät auch die Alzheimer Disease (AD) bei einigen Wissenschaftlern unter Verdacht, in den Formenkreis der spongiformen Enzephalopathien zu gehören.

Früher gab es öfter Verwechslungen mit CJD und GSS, auch mit der multiplen Sklerose. Selbst in jüngerer Zeit konnte die Diagnose häufig erst durch die Untersuchung von Gehirngewebe abgesichert werden.
Die Krankheit setzt am häufigsten schleichend im Alter zwischen 50 und 60 Jahren ein und endet nach 5 bis 10 Jahren mit dem Tod. Die anfängliche Vergeßlichkeit steigert sich zu Orientierungslosigkeit: Sprachstörungen und Verwahrlosung beginnen, schließlich verlieren die Patienten die Kontrolle über verschiedene Körperfunktionen.
Charakteristisches Anzeichen der Erkrankung ist die Bildung von Eiweißfibrillen in und die Ablagerungen von Eiweißen zwischen den Gehirnzellen. Die Eiweiße können nicht abgebaut werden, verklumpen zum Amyloid, bleiben liegen und zerstören so allmählich die Nervenzellen. Bei diesem Eiweiß handelt es sich allerdings um ein anderes als das bei CJD entstehende.
Die amyloiden Ablagerungen werden von einigen Wissenschaftlern für die Ursache der Erkrankung gehalten; inzwischen wurden mehrere Gene auf unterschiedlichen Chromosomen ausfindig gemacht, die für die übermäßige Produktion des Amyloids verantwortlich sind.
Weil aber die Amyloide auch bei gesunden Menschen vorkommen, glauben andere Wissenschaftler, daß sie Folgeerscheinungen einer Schädigung der Kontaktstellen zwischen den Nervenzellen sind. Dabei werden aus noch unbekannten Gründen die Membranen an den Verbindungsstellen zerstört, womit das Unglück seinen Lauf nimmt, weil außerhalb der Membran das Amyloid nicht mehr abgebaut werden kann. Als Ursachen für die Zerstörung der Membranen verdächtigen sie Metallsalze, Viren, Streß oder mechanische Einwirkung auf das Gehirn (bei Boxern). Möglicherweise sind die Amyloide kein bloßer Abfall, sondern eine Reparaturmaßnahme des hirneigenen Immunsystems.
All dieses ist noch weitgehend offen. Sollte sich die Alzheimer-Krankheit im Experiment endgültig als nicht infektiös erweisen, würde sie sich von den anderen genannten Krankheiten unterscheiden und wäre ihnen nicht hinzuzurechnen.

Immer mehr Tierarten werden angesteckt …

Nachdem man gelernt hatte, einen Zusammenhang zwischen all diesen merkwürdigen, aber doch sehr ähnlichen Krankheitsbildern zu sehen, konnte man sich der Einsicht nicht verschließen, daß noch weitere Tierarten betroffen sind. Grob läßt sich umreißen, daß die spongiformen Gehirnerkrankungen schon auf Tierarten übergegriffen haben, die entweder vom Menschen zu Nahrungszwecken gezüchtet oder zu anderem Nutzen gehalten werden, sei es im Zoo oder im privaten Haushalt. Beängstigend ist, daß die Seuche sich zunehmend auch in die Wildbestände ausbreitet, ausgehend von Gegenden mit gemischten Nutztier-/Wildtierpopulationen.

Scrapie bei Ziegen

Außer dem Schaf kann auch die Ziege an Scrapie erkranken; eine Übertragung auf natürlichem Weg wäre möglich auf Weiden, die zuweilen von beiden Tierarten begangen sind. Manchmal wird eine Schafherde auch von vereinzelten Ziegen begleitet oder geführt. Jedenfalls muß man vermuten, daß Scrapie vom Schaf auf die Ziege durch direkten oder indirekten Kontakt überspringen kann.

Daß der Erreger äußerst hart im Nehmen und lange in der freien Natur haltbar ist, wissen wir aus Island. Noch drei Jahre, nachdem Scrapiekranke Schafe auf Weiden gelammt hatten, waren die Weiden infektiös. Inzwischen wurde auch nachgewiesen, daß die Nachgeburt den Krankheitserreger enthält. Also sind die Erreger vermutlich mit ihr auf das Gras gelangt und drei Jahre lang weder durch Regen, Schnee, Kälte oder Sonne vernichtet worden.

Bei der Ziege sind die Hauptsymptome wie beim Schaf das ausgeprägte Jucken der Haut, außerdem die Bewegungsstörungen an den Hinterbeinen. Unter anderthalb Jahren tritt Scrapie nicht auf, meistens mit drei bis fünf Jahren.

Schafe und Ziegen sterben zu 100% an der Seuche.

Übertragbare Nerz-Enzephalopathie (Transmissible Minc Encephalopathy, TME)

Die Krankheit bei Nerzen wurde zum erstenmal 1947 in den USA beobachtet. 1965 fiel die Ähnlichkeit mit Scrapie auf, und man führte die Nerzkrankheit schließlich auf verfütterte Kadaver von Schafen und Rindern zurück. Die Schafe waren wegen Scrapie getötet worden, die Rinder wegen des Downer-Cow-Syndroms. Das Downer-Cow-Syn-

drom kennt man erst seit 1965; es besteht der intensive Verdacht, daß es sich hierbei ebenfalls um BSE handelt, also die frühest nachweisbaren BSE-Fälle überhaupt.
In einer anderen Nerzfarm wurde TME nach Verfütterung von Rinder- und Pferdefleisch ausgelöst; Schaffleisch war nachweislich nicht gegeben worden.
Sieben bis zehn Monate nach der Infektion werden die Nerze durch Verhaltensstörungen auffällig: sie putzen sich nicht mehr und fressen unnormal. Danach folgen ungewöhnliche Bewegungsabläufe; wie Tiger laufen sie im Käfig umher und halten den Schwanz wie ein Eichhörnchen. Da die Nerze zunehmend unsicher auf den Beinen werden, bleiben sie schließlich liegen und sterben nach 3 bis 8 Wochen.
Ihre Hirne sind schwammartig verändert.
Auch bei Nerzen gibt es erwiesenermaßen einen Zusammenhang mit genetischen Merkmalen: aleutenfarbene, also helle Nerze haben im Vergleich zu anderen Nerzarten ein ganz anderes Verteilungsmuster der Vakuolen im Gehirn, und bei älteren Tieren kommen sie gar nicht vor. Trotzdem ist die klinische Erkrankung dieselbe. Man muß daraus schließen, daß die Lage der Löcher im Gehirn, sogar ihr Vorkommen überhaupt, nicht das wichtigste Merkmal der Krankheit sind. Sie scheinen eher die Folge der Erkrankung zu sein.

Die Chronische Auszehrung der Hirschartigen (Chronic Wasting Disease, CWD)

Diese Krankheit wurde seit 1967 unter verschiedenen Hirscharten in den USA und Kanada beobachtet und ist bei mindestens 100 Tieren abgesichert. Sie betrifft freilebende Tiere, aber auch in großen Gehegen lebende. Eine Übersicht über die an CWD gestorbenen Tiere zu bekommen ist für dortige Wissenschaftler sehr schwierig, weil die Tiere meistens von Jägern durch einen Fangschuß vom »Verhungern« erlöst werden. Es steht jedoch fest, daß die Krankheit ähnlich wie bei Rind und Schaf abläuft und innerhalb eines halben Jahres zum Tode führt.
Der Zusammenhang mit Scrapie ist dadurch gesichert, daß die in diesen Gebieten lebenden Schafe Scrapie haben. Darüber hinaus gibt es Hinweise darauf, daß nur die Hirscharten betroffen sind, die Futter vom Boden aufnehmen: Großohrhirsche, Rocky-Mountain-Rothirsche, Maultierhirsche und Wapitis.

Abseits des öffentlichen Interesses in den USA, befürchten die Fachleute, daß sich die Krankheit unaufhaltsam über die USA und Kanada ausbreitet, begünstigt durch Zukäufe aus erkrankten Beständen.

Spongiforme Enzephalopathie bei wilden Hornträgern

Völlig unabhängig von der Epidemie der Hirschartigen auf dem amerikanischen Kontinent gab es in englischen Zoos seit 1986 Krankheitsfälle bei mehreren afrikanischen Antilopenarten. Es ist anzunehmen, daß die Infektion über BSE-verunreinigtes Futter in die Zoos geriet.
Nachweislich erkrankten 1 Nyala, 4 Elenantilopen, 6 Große Kudu, 1 Gemsbock und 2 Oryx.
Unverhältnismäßig kurz war bei diesen Antilopen die Krankheitsdauer; man könnte daraus vorsichtig den Schluß ziehen, daß sie besonders empfindlich sind.
Ein Kuduantilopenkalb bekam BSE-Symptome, obwohl es nachweislich nicht mit dem Scrapie-behafteten Futter ernährt worden war, das die Alttiere erhielten.

Spongiforme Enzephalopathie bei Katzenarten (Feline Spongiform Encephalopathy, FSE)

Ausschließlich in England gab es mindestens 50 nachgewiesene Fälle der Krankheit bei Haus- und Edelkatzen (Siam). In allen Fällen stellte sich bei Nachforschungen heraus, daß sie mit Schlachtabfällen aus Schlachtereien oder Dosennahrung ernährt worden waren. Um es unmißverständlich zu betonen: die Schlachtabfälle stammten aus den Schlachtereien, in denen Fleisch als Lebensmittel für Menschen verkauft wird.
Auch bei den Katzen fielen zuerst die Verhaltensstörungen auf: u. a. Ängstlichkeit, starkes Speicheln, Kauzwang, plötzliches Lecken ohne das Bedürfnis zur Körperpflege. Die hauptsächlich betroffenen älteren Katzen gingen unter veitstanzähnlichen Zuckungen zugrunde. Die Veränderungen in den Gehirnen entsprachen dem, was man von den anderen Tierarten bereits wußte.
In englischen Zoos starben außerdem 1 Puma und 4 Geparden an der Enzephalopathie, was auf infiziertes Futter zurückgeführt wurde.

Spongiforme Enzephalopathie bei weiteren Tierarten

In zwei nordwestdeutschen Zoos wurde die Enzephalopathie bei 3 Sträußen zwischen 1986 und 1989 nachgewiesen; eine weitere Anzahl Strauße starb an gleichen Symptomen, die aber nicht weiter untersucht wurden. Das Futter der Tiere hatte aus Geflügelfutter aus dem freien Handel sowie vom Notschlachter bezogenem Fleisch bestanden. Bei den histologisch untersuchten Vögeln glichen die Veränderungen des Gehirns denen der Säugetiere.

Das Ausmaß der Gefahr wird klar …

Unsere Kenntnisse von den »natürlichen« Erkrankungen waren auch bei flüchtigem Überblick alarmierend. Sichtbar wurde die Erkrankung an längerlebigen Tierarten, und es schien eine – noch etwas lückenhafte – Kette von Tierart zu Tierart zu geben, die auf die eine oder andere Weise mit dem Erreger Kontakt bekommen hatten.
Die Indizien deuteten darauf hin, daß auch andere Tierarten erkranken könnten. Da in diesem biologischen Sinn der Mensch eine Tierart unter anderen ist, sprach alles dafür, daß er sich ebenfalls infizieren könnte. Daher war es geradezu selbstverständlich, die Gefahr für den Menschen im Labor bei Versuchstieren zu bestätigen – oder zu entkräften.
Abgesehen davon, daß man den Erreger nur auf solche Art zu fassen bekommt und ihn näher untersuchen kann, mußte man bei den Tierexperimenten einer ganzen Reihe von Fragen nachgehen:

1. Sind andere Tierarten als die bisher bekannten empfänglich für die Erkrankung? Nur wenige andere? Oder alle anderen?

2. Um was für einen Erreger handelt es sich? Ist es ein Virus? Oder noch kleiner? Oder ist es ein Gift? Radioaktive Isotope?

3. Nach welchem Muster ist der Erreger gefährlich? Warum entstehen ausschließlich Symptome einer Gehirn-Rückenmarks-Erkrankung?

4. Wird der Erreger im Gehirn zu finden sein? Oder verteilt er sich überall im Körper und schädigt auch andere Organe, wobei die Gehirnsymptome lediglich alle anderen überdecken?

5. Hängt es von der Menge der übertragenen Keime ab, ob ein Tier erkrankt? Gibt es also eine »Schwellenmenge«? Oder geht ein Tier vom ersten Augenblick der Infektion dem unausweichlichen Hirntod entgegen?

6. Oder steuert die Menge der Keime die Zeitdauer bis zum Ausbruch der Krankheit?

7. Gibt es Unterschiede in der Empfänglichkeit zwischen den Tierarten?

8. Spielt das Alter bei der Infektion eine Rolle?

9. Kann ein Tier infektiös für andere sein, ohne selber zu erkranken?

10. Wie überträgt sich die Infektion? Von einem Tier auf das andere, vielleicht bei Berührung? Von der Mutter auf den Fetus? Oder durch ein Insekt? Oder durch Futter?

Diese und noch andere Fragen waren zu beantworten. Und welche Antworten sich auch immer ergeben hätten, eines war sicher: Je mehr Tierarten für den Erreger empfänglich sind, desto größer ist die Wahrscheinlichkeit, daß der Mensch es auch ist und daß die CJD-Erkrankungen des Menschen tatsächlich von Infektionen herrühren könnten. Da es genau diese Frage ist, die immer noch offen ist, läßt sich ein »Indizienbeweis« nur dadurch führen, daß so viele Daten wie möglich gesammelt und nebeneinandergestellt werden.
Deshalb werden im folgenden die vielfältigen Experimente beschrieben, die nötig waren, um so viele Detailkenntnisse wie möglich zu bekommen. Seit Beginn der Untersuchungen aber hat sich die Einstellung zu Tierexperimenten gewaltig verändert: man prüft deshalb nicht mehr Krankheitserreger systematisch an sämtlichen Versuchstierarten. Die Aufzählung mag deshalb etwas lückenhaft scheinen; man darf aber keinesfalls aus dem Fehlen einer Tierart schließen, daß diese unempfänglich gewesen ist oder es bei der Überprüfung wäre.
(Wer über die Tierversuche nichts lesen möchte, kann dieses Kapitel überspringen.)

Auch Versuchstiere sterben an der Seuche

Kuru im Tierexperiment

Affen. D. C. Gajdusek war der erste Wissenschaftler, der nachwies, daß die spongiformen Erkrankungen des Menschen infektiös für andere Tierarten sind. Er bekam dafür den Nobelpreis.

Er stellte fest, daß Kuru durch Injektion von infiziertem menschlichem Gehirnmaterial auf Schimpansen übertragbar ist und die Infektion nach 10 bis 82 Monaten sichtbar wird. Ein frühes Anzeichen der Erkrankung bei den Schimpansen ist die Aufnahme der Nahrung vom Boden mit dem Mund – statt mit den zitternden Händen. Monatelang wies außerdem die hängende Unterlippe auf den bevorstehenden Ausbruch hin.
Auch einige Arten von Neuweltaffen (Kapuzineräffchen, Klammeraffen, Totenkopfäffchen) konnten infiziert werden, ebenso einige Altweltaffenarten (Meerkatzen, Makaken, Rhesus), bei denen jedoch die Zeiten bis zum Ausbruch der klinischen Erkrankung (Inkubationszeiten) insgesamt länger waren.
Andere Untersucher versuchten, Kuru zu übertragen, indem sie infizierte Schimpansen-Niere und -Milz verfütterten, statt sie zu injizieren. Nur ein einziges von 10 Tieren entwickelte danach die Gehirnerkrankung.
Nerz, Frettchen. Unter den üblichen Labortierarten gelang die Übertragung von Kuru nur bei Nerz und Frettchen.
Kuru: infektiös für mehrere höhere Affenarten, Nerze und Frettchen.

Creutzfeldt-Jakob-Krankheit im Tierexperiment

Affen. CJD konnte von Gajdusek und Mitarbeitern auf Schimpansen, Neuwelt- und Altweltaffen übertragen werden. Die Ergebnisse unterschieden sich von denen der Kuru-Infektion sowohl in der Empfänglichkeit der Tierarten als auch in den Inkubationszeiten. Die mikroskopischen Veränderungen in den Gehirnen aber waren identisch bei CJD und Kuru in Affen und Menschen.
Ziegen. Die durch CJD in Ziegen ausgelöste Krankheit ließ sich mikroskopisch nicht von der Ziegen-Scrapie unterscheiden.
Mäuse. Erst in jüngster Zeit wurde erfolgreich Gewebematerial einer an CJD erkrankten Frau auf Mäuse übertragen. Ihre Krankheit wurde während einer Schwangerschaft anläßlich plötzlicher, massiver Sehstörungen diagnostiziert. Die junge Frau starb 3 Jahre später.
Von den verschiedenen Gewebeproben, die im Experiment überprüft wurden, erwiesen sich Gehirn, Blut (Leukozyten = weiße Blutzellen) aus dem Nabelstrang sowie die Kolostralmilch (die allererste, antikörper-

beladene Milch) als infektiös. Die Mäuse entwickelten die üblichen Gehirn-Rückenmarks-Symptome.
CJD: infektiös für mehrere höhere Affenarten, Hauskatzen, Ziegen, Meerschweinchen, Hamster, Mäuse.

Gerstmann-Sträussler-Scheinker-Syndrom im Tierexperiment

GSS: infektiös für Affen, Mäuse, Ratten, Meerschweinchen.

Scrapie im Tierexperiment

Affen. Ebenfalls Gajdusek übertrug Scrapie auf Neuweltaffen (Kapuziner, Klammeraffen, Totenkopfäffchen) und Altweltaffen (Makaken, Rhesusaffen), wobei er Untersuchungsmaterial von natürlich kranken Schafen sowie von experimentell infizierten Schafen und Ziegen benutzte.
Hamster. Andere Untersucher haben versucht, den Kannibalismus der Fore im Hamster zu imitieren. Beim Hamster geht das, weil Hamster auch in freier Wildbahn gelegentlich tote Artgenossen verzehren. Tatsächlich erkrankten Hamster, nachdem sie von Scrapie-infizierten, gestorbenen Käfiggenossen gegessen hatten. Es dauerte bei den durch Kannibalismus infizierten Hamstern bis zum ersten Auftreten von Symptomen länger, als wenn das Material injiziert wurde. Eins aber wurde dadurch sichergestellt: ein Hamster könnte sich auf natürlichem Wege mit Scrapie infizieren.
Man kann es auch umgekehrt beschreiben: Im Vergleich zur Injektion waren beim Verzehr größere Mengen von infiziertem Material nötig, um Symptome hervorzurufen. Aber auch bei der Injektion war der Zeitpunkt der klinischen Erkrankung von der Dosis abhängig: je größer die Menge, desto früher brach die Erkrankung aus.
Sehr aufschlußreich war die Entdeckung, daß das infektiöse Material je nach Herkunft unterschiedliche, aber in sich gleichbleibende Eigenschaften besaß. Das machte sich in unterschiedlichen Inkubationszeiten bemerkbar: Die gleiche Hamsterart erkrankte entweder nach 65, 130, 150 oder 260 Tagen. Außerdem unterschieden sich die mikroskopischen Veränderungen im Gehirn deutlich voneinander. Das war das Indiz, daß es offenbar verschiedene Scrapie-Stämme gab.

Unterschiedliche Inkubationszeiten konnte man auch feststellen, wenn ein und derselbe Scrapie-Typ in verschiedenen Hamsterstämmen verwendet wurde. Das bedeutete, daß die Inkubationszeit nicht nur vom Scrapie-Erreger, sondern auch vom Wirtstier abhängig war. Aber ganz gleich, welche Hamster- und Scrapie-Stämme im Spiel waren: immer waren die klinischen Krankheitssymptome die gleichen.

Ein weiteres Versuchsergebnis war die Entdeckung des Erregers im Blut zwischen dem 10. und dem 40. Tag nach Infektion durch Injektion in den Bauchraum des Hamsters. Zu diesem Zeitpunkt begann der Erreger sich bereits zu vermehren. Eine bestimmte Zeit danach konnten die Wissenschaftler im Gehirn der Hamster die ersten Eiweißablagerungen entdecken. Viel später erst wurden die klinischen Symptome sichtbar. Die Wissenschaftler zogen daraus den Schluß, daß der Ausfall in den Gehirnzellen erst bemerkt wurde, wenn er groß genug war.

Darüber hinaus gaben die Experimente Anlaß zu der Vermutung, daß das Geschehen innerhalb des Gehirns gesetzmäßig abläuft, sobald der Erreger das Gehirn »betreten« hat; was sich dort tut, dürfte unabhängig vom Ort und der Methode sein, durch die das Tier infiziert wurde.

Mit anderen Worten: ob der Erreger nun mit dem Futter in den Magen/Darm oder durch die Injektionsspritze in den Bauchraum oder in das Gehirn kommt – es dauert eine gewisse Zeit, bis der Erreger die Gehirnzellen erreicht hat. Aber was dort geschieht, ist dann offenbar immer das gleiche.

Mäuse. Auch bei der Maus bestätigte sich, daß es unterschiedliche Scrapie-Stämme gibt. Bisher hat man etwa 20 dingfest gemacht. Jeder erzeugt ein charakteristisches Muster der Erkrankung in bezug auf die Inkubationszeit, die Größe und die Verteilung der Vakuolen (Löcher) und Amyloidplaques (Eiweißpäckchen) in der Gehirnsubstanz. Ob also das Kleinhirn betroffen ist oder nicht, die weiße oder die graue Substanz (unterschiedliche Gehirnbereiche) – das ist vom Scrapie-Stamm abhängig.

Bei Mäusen war die Injektion des infizierten Materials ins Gehirn 40 000-mal wirksamer als nach dem Verfüttern. Die Wissenschaftler konnten die Infektiosität nach dem Verfüttern aber steigern, indem sie die Mundschleimhaut der Maus vorher einritzten. Dies entspricht etwa einer kleinen Verletzung durch einen Grashalm in freier Wildbahn; dem Erreger wurde auf diese Weise zusätzlich der Zugang über die Blutbahn eröffnet.

An den Mäusen wurde außerdem festgestellt, daß der Erreger sich zuerst in den Lymphknoten vermehrt. Wurde die Maus durch Futter infiziert, waren es die Darmlymphknoten und die Milz; wurde der Erreger injiziert, waren die Lymphknoten betroffen, die in der Nähe der Einstichstelle lagen.

Gleichzeitig mit dieser Ausbreitung in den Lymphknoten wanderten erste Erreger allmählich in Richtung auf die Wirbelsäule und das Gehirn. In der Brustwirbelsäule begannen sie sich erneut zu vermehren, später dann auch im Gehirn. Klinisch krank wurden die Mäuse, wenn im Gehirn als Folge der Erregervermehrung Nervenzellen zerstört wurden.

Schafe. Die Infektion von Schafen gelang über die Augenschleimhäute, durch Injektion unter die Haut und nach kleinen Einschnitten in die Haut, was ebenfalls einer kleinen Verletzung zum Beispiel auf der Weide entspricht.

Man weiß nun, daß die nervösen Symptome von Scrapie beim Schaf meistens mit 2,5 bis 4,5 Jahren klinisch sichtbar werden. Ein infiziertes Schaf von etwa 1 Jahr ist zumeist klinisch gesund, aber der Erreger kann zu diesem Zeitpunkt schon in den Lymphknoten und im Darm gefunden werden. Bei einem 3,5 Jahre alten, sichtlich kranken Schaf ist der Erreger im ganzen Magen-Darm-Gebiet nachweisbar, also von den Mandeln im Mundraum bis zum Dickdarm sowie in der Milz und im Gehirn/Wirbelsäulenbereich. Auch in der Plazenta des trächtigen Schafes ist er vorhanden, aber nicht im Fetus. Bisher konnte man ihn überhaupt nicht nachweisen in: Herz, Lunge, Niere und Muskulatur (also dem Fleisch schlechthin).

Ziegen. Bei Ziegen aus gleicher Zucht, also sehr eng verwandten Tieren, stehen nach der Infektion mit unterschiedlichen Scrapie-Erregerstämmen zwei grundsätzlich verschiedene klinische Symptome im Vordergrund: entweder sie kratzen sich zwanghaft, oder sie sind ausgesprochen schläfrig.

Bei der Weiterinfektion auf gesunde Tiere überträgt sich genau diese Eigenschaft; ein Wechsel zwischen Schläfrigkeit und Kratzzwang findet nicht statt. Auch dieses spricht dafür, daß es verschiedene Erregerstämme gibt.

Scrapie: infektiös für verschiedene höhere Affenarten, Rinder, Ziegen, Nerze, Hamster, Mäuse, Ratten, Meerschweinchen.

Rinderwahnsinn im Tierexperiment (BSE)

Maus. Die Maus bekam die spongiforme Gehirnerkrankung nur, wenn sie mit Gehirn und Rückenmark von infizierten Rindern infiziert wurde. Mit Blut, Milch, Fleisch etc. aus den Rindern konnte eine Erkrankung nicht ausgelöst werden.
Bemerkenswert war, daß sich die anatomischen Gehirnveränderungen nach Infektion der Maus mit dem Erreger der spongiformen Enzephalopathien aus Rindern, Antilopen, Katzen, Schweinen, Schafen und Ziegen merklich von den durch Scrapie entstandenen Schäden unterschieden. Da der Erreger am Anfang der Epidemie zweifellos identisch mit dem Scrapie-Erreger war, muß man daraus folgern, daß er sich beim Übergang vom Schaf auf das Rind verändert hat und dieses möglicherweise auch beim Übergang auf weitere Tierarten tut.
Schwein. Die Schweine wurden durch Injektion infiziert; noch steht der Nachweis aus, ob sie auch durch infiziertes Futter erkranken können.
Ziegen, Schafe. Die Enzephalopathie kann vom Schaf auf das Rind und wieder zurück auf das Schaf übertragen werden. Die Ziegen erkrankten nach Verfüttern der infektiösen Substanzen. (Nennt man die Krankheit nun aber Scrapie oder BSE?)
Krallenaffen entwickelten BSE nach Injektion des Erregers in das Gehirn.
Rind. Experimentell kann BSE natürlich auch auf Rinder übertragen werden, wobei der Erreger inzwischen auch bei Kälbern unter 6 Monaten entdeckt wurde. Mit den mittlerweile verfeinerten Methoden wurde er außer im Gehirn und Rückenmark auch im Dünndarm und in der Thymusdrüse gefunden. Ursprünglich dachte man, daß die natürliche Infektion über das Futter der einzige Ansteckungsweg sei. Inzwischen vermehren sich die Indizien, daß es auch andere Übertragungswege geben könnte.
BSE: infektiös für Krallenaffen, Schweine, Ziegen, Schafe, Nerze, Mäuse.

Übertragbare Nerz-Enzephalopathie im Tierexperiment (TME)

Affen. Die Nerzkrankheit konnte durch Gajdusek auf eine Neuweltaffenart (Totenkopfäffchen) und zwei Altweltaffenarten (Rhesus, Makaken), darüber hinaus auf Schaf, Ziege und Frettchen, jedoch im Gegensatz zu anderen Untersuchern nicht auf Mäuse übertragen werden.

Nerze. Auf andere Nerze übertragen, war TME ebenfalls infektiös. Neuere Ergebnisse legen die Vermutung nahe, daß vermeintlich durch das Futter infizierte Tiere sich durch Bisse beim Füttern anstecken und der Erreger das Gehirn über den Blutkreislauf erreicht. Die Krankheit bricht nämlich beim Füttern ähnlich schnell wie nach Injektion aus. Wird den Nerzen dagegen das infektiöse Material durch eine Sonde verabreicht und das Beißen unterbunden, dauert es länger bis zum Ausbruch der Symptome.
Schafe. TME kann auch auf Schafe rückübertragen werden und ergibt dann Scrapie.
TME: infektiös für Affen, Ziegen, Schafe, Frettchen, Mäuse, Hamster.

Chronische Auszehrung der Hirschartigen (CWD)

Frettchen, Totenkopfäffchen. CWD ist übertragbar auf beide Tierarten. Es wäre durchaus denkbar, daß sich in freier Wildbahn die CWD auf die marderartigen Tiere, zu denen das Frettchen gehört, ausbreiten könnte.
CWD: infektiös für Totenkopfäffchen, Frettchen.

Unfälle – versehentliche Infektionen bei Menschen und Tieren

Es gibt mehrere Fälle von Erkrankungen, z. T. Serienerkrankungen, die zwischen den Tierarten, einschließlich des Menschen, versehentlich und nachweislich übertragen wurden. Einige Berichte von Einzelfällen sollen hier außerdem übernommen werden, weil die Wissenschaftler sie als Indiz für eine mögliche Infektion des Menschen durch infiziertes Fleisch für wichtig genug hielten, um sie in der wissenschaftlichen Fachpresse darzustellen.

Infektionen des Menschen

Mit Scrapie. Erwiesenermaßen starben (bisher) 14 Inder an CJD, die mit einer Tollwutvakzine auf Schafserumbasis geimpft worden waren. Offensichtlich war die Charge mit Scrapie verunreinigt. Die impfstoffproduzierenden Betriebe am Fuße des Himalaya befinden sich in einer Gegend, in der bis zu 20 % der Schafe mit Scrapie infiziert sind.

Mit BSE. Die angesehene britische wissenschaftliche Zeitschrift *The Lancet* berichtete 1993 von einem 61jährigen Landwirt, der 1989 unter seinen Milchrindern einen Fall von BSE hatte. Drei Monate nach dem Beginn eines rasch fortschreitenden Sprachverlustes starb er an CJD. Aus seiner Krankheitsgeschichte ließen sich Vererbung, operative Ansteckung usw. ausschließen. Er hatte lediglich von der Sammelmilch seines Bestandes getrunken, dies allerdings regelmäßig.

Der *Lancet* beschrieb 1993 einen weiteren Fall von CJD bei einem 54jährigen Farmer, in dessen Milchviehherde 1992 bzw. 1993 3 Fälle von BSE vorgekommen waren. Aus seiner Familien- und Krankheitsgeschichte ergaben sich keinerlei Verbindungen zu CJD; auch er hatte die Sammelmilch von seiner Herde getrunken, gern Rindfleisch gegessen und immer bei gewöhnlichen veterinärmedizinischen Eingriffen (Enthornen, Injektionen) auf seinem Hof assistiert. Nach dem Einsetzen der ersten CJD-Symptome mit ausgeprägter Vergeßlichkeit schritt die Krankheit rasch voran.

Weitere 7 nicht genauer beschriebe Fälle betreffen CJD-Kranke, die auf britischen Bauernhöfen gearbeitet haben.

Es gibt allmählich zunehmend Indizien, daß manche Berufe größerer Gefährdung ausgesetzt sind: In Deutschland starben zwei Schlachter an CJD. Bekannt sind aber auch die Fälle eines Neuropathologen, eines Neurochirurgen und zweier Histologieassistenten, die sich möglicherweise bei ihrer Arbeit mit CJD infiziert haben.

Mit CJD. Von Hunderten französischer Kinder, die mit Wachstumshormonen (gewonnen aus menschlichen Leichen) behandelt worden waren, haben bis jetzt 30 die Creutzfeldt-Jakob-Krankheit bekommen; aus den USA wird von 10 Kindern berichtet. Unter den Hypophysenspendern müssen sich ein oder mehrere unerkannt CJD-Kranke befunden haben.

In Australien kamen einige Fälle von CJD nach der Verabreichung von Gonadotropinen vor, die ebenfalls aus Leichen gewonnen wurden.

Infektionen von Schafen

Ein sehr unfreiwilliger Großversuch wurde mit einer Impfaktion an etwa 18000 Schafen durchgeführt: Erwartungsgemäß erkrankte keines von ihnen an Louping ill, der Krankheit, gegen die sie geimpft wurden, dafür aber 1500 an Scrapie; die Vakzine auf der Basis von Schafserum muß durch mindestens ein Scrapie-krankes Schaf verunreinigt gewesen sein.

Krankheit	natürliches Vorkommen	Infektionsmaterial	durch Unfall infiziert	experimentell infizierbar
Kuru	Mensch	infiziertes Schwein? infiziertes menschliches Gehirn	Mensch	Schimpansen, Neuwelt-, Altweltaffen, Frettchen, Nerz
CJD	Mensch	Implantate, chirurgische Sonden, injizierte Hormone Blut? Nahrung?	Mensch	Schimpansen, Neuwelt-, Altweltaffen, Hamster, Meerschweinchen, Ziege, Katze, Maus
GSS	Mensch	?		Affen, Maus, Ratte, Meerschweinchen
Scrapie	Schaf, Ziege	Schafabfälle Schafsnachgeburten? Schafmilch?	Rind: BSE Katzen: FSE Nerz: TME Hirschartige: CWD Mensch: CJD Strauß	Neuwelt-, Altweltaffen, Hamster, Meerschweinchen Maus, Ratte, Nerz, Rind, Ziege
BSE	Rind	Schafabfälle Scrapie- und BSE-haltiges Tiermehl	Nerz: TME Antilopen: BSE Mensch: ?	Krallenaffen, Ziege, Schaf, Nerz, Schwein, Maus
TME	Nerz, Skunk, Waschbär	Schafabfälle, Rinderabfälle		Neuwelt-, Altweltaffen, Schaf, Ziege, Nerz, Maus, Hamster, Frettchen
FSE	Katze, Puma, Gepard	Schafabfälle Rinderabfälle		
CWD	Großohrhirsch, Maultierhirsch, Wapitis, Rocky-Mountain-Rothirsch	Schafsnachgeburten?		Frettchen, Totenkopfäffchen

Vorkommen von natürlichen und experimentellen übertragbaren spongiformen Enzephalopathien.

Ein paar Daten ...

... zu den Erkrankungen des Menschen

CJD. Nach allgemeiner Ansicht kommt die CJD bei 1 bis 2 Patienten pro 1 Million Menschen vor. Entsprechend dürfte in Deutschland die Sterbequote an CJD bei etwa 80 bis 160 Menschen jährlich liegen.
Es mutet dann schon etwas seltsam an, wenn CJD plötzlich gehäuft auftritt, wie im Regierungsbezirk von Trier, wo im Dezember 1993 2 Menschen und im April 1994 ein weiterer an CJD starben.
In Großbritannien wird die Anzahl der an CJD Verstorbenen offiziell mit 40 jährlich angegeben; diese Zahl würde noch etwas unter der errechenbaren »Sollzahl« liegen: etwa 57 bis 114 bei 57 Millionen Einwohnern. Jedoch gehen Wissenschaftler von einer hohen Dunkelziffer aus und schätzen die tatsächliche Zahl auf 1500 bis 9000 CJD-Tote jährlich, nach anderen Angaben auf 7500 bis 9000 jährlich.
Alzheimer-Krankheit. Über die Alzheimer-Krankheit liegen genauere Zahlen vor: Derzeit gibt es in Deutschland etwa 800000 Kranke. In den USA liegt Alzheimer an der 4. Stelle aller Todesursachen.
Kuru. Pro Jahr starben in den befallenen Bezirken bei einer Gesamtbevölkerung der Fore von 36000 Menschen etwa 288 Menschen jährlich. In manchen Gemeinden stieg allerdings Kuru als Todesursache auf bis zu 50% aller Verstorbenen an.
Vergleich. Vergleicht man die vorhandenen Zahlen miteinander – unabhängig von den Gründen der Erkrankung –, so ergibt sich die folgende Gegenüberstellung:

Fore:	8 000 Kuru auf 1 000 000 Einwohner.
Slowaken:	500 CJD auf 1 000 000 Einwohner.
Libysche Juden:	51 CJD auf 1 000 000 Einwohner.
Allgemeine Bevölkerung nach konventioneller Schätzung:	1 CJD auf 1 000 000 Einwohner.
Englische Bevölkerung entsprechend Schätzung durch Wissenschaftler:	bis zu 157 CJD auf 1 000 000 Einwohner.
Zum Vergleich Hepatitis B (Leberinfektion) 1994 in deutscher Bevölkerung:	63 auf 1 000 000 Einwohner.

Berücksichtigt man, daß CJD und Alzheimer häufig verwechselt und nach dem Tod nicht näher untersucht werden, daß außerdem vermutlich auch in Deutschland eine hohe Dunkelziffer bei CJD herrscht, muß man annehmen, daß die Zahlen tatsächlich viel höher liegen. Auch ohne Kenntnis der genauen Zahlen dürfen wir die CJD nicht als zu vernachlässigende Erkrankung einstufen.

... zu den Erkrankungen bei Rindern

In England. Die Zahlenangaben sind mit allergrößter Vorsicht zu bewerten, u. a. deswegen, weil der Official Secrets Act englischen Staatsangestellten untersagt, der Öffentlichkeit Mitteilungen über Dienstsachen zu machen. Von englischen Insidern wird das Landwirtschaftsministerium beschuldigt, sein Wissen zu monopolisieren, wodurch eine Übersicht und eine objektive Beurteilung der Situation seitens der Fachleute des durch englische Importe betroffenen europäischen Kontinents völlig unmöglich gemacht wird.
Offiziell sind bis Ende 1994 etwa 140 000 englische Rinder wegen BSE-Verdachts getötet worden bzw. gestorben. Der Mikrobiologe R. Lacey, bei der englischen Regierung besonders unbeliebt wegen seiner hartnäckigen Warnung vor der Gefahr für den Menschen durch BSE, geht zusammen mit einigen Kollegen von mindestens 500 000 infizierten Rindern aus, deren Fleisch zum großen Teil exportiert wurde.
Da 1988 das erregerhaltige Kraftfutter in England für Rinder verboten wurde, waren die Wissenschaftler der Ansicht, daß die BSE-Infekte ab 1990 drastisch abnehmen müßten. Dies war nicht der Fall. Die Zahl der Neuinfekte stieg jedes Jahr, auch 1993, über die des Vorjahres an; bis dahin waren 77% aller großen Herden in England infiziert. 1993 kamen jede Woche etwa 750 neue Verdachtsfälle hinzu, im gesamten Jahr waren es 41 546 (s. Tabelle, S. 39).
1994 war erstmals die Zahl der aus England genannten Neuinfektionen geringer als im Vorjahr. Aber ein Drittel der 1994 an BSE sterbenden Rinder war noch nach 1988 geboren, also nach Erlaß des Fütterungsverbotes.
Seit Ende 1994 berichten die Engländer, daß bisher bei keinem der nach dem 1. 1. 1992 geborenen Rinder Rinderwahnsinn gefunden wurde. Dies ist nicht zu bezweifeln. Nach dem bisher als »normal« eingestuften Krankheitsverlauf ist die große Masse der ab 1992 geborenen infizier-

ten Rinder nämlich erst ab etwa Sommer 1996 zu erwarten. Sie haben ihre »Krankheitswelle« aus Altersgründen noch nicht erreicht.
Darüber hinaus werden möglicherweise jetzt auch BSE-Tiere aus der Statistik »herausgerechnet«. Denn der Mikrobiologe H. Narang berichtet, daß bei 82% der derzeit in Schottland mit BSE-Symptomen getöteten Rinder die offiziell ausschlaggebenden Vakuolen im verlängerten Mark fehlen. Sie gehen deshalb als negativ in die Statistik ein, obwohl wir mittlerweile den hohen Stellenwert der klinischen Symptome für die Diagnose kennen; bei Versuchstieren zumindest wechseln Vakuolen und andere pathologisch-anatomischen Merkmale mit dem Erregerstamm.
Wie auch immer offiziell gerechnet werden mag, eine hohe Dunkelziffer ist in den Zahlen versteckt. Denn da es in England nicht üblich ist, die Tiere im lebenden Zustand vor der Schlachtung zu untersuchen, gehen vermutlich die meisten Rinder mit Frühsymptomen von BSE als gewöhnliche Fleisch- und Wurstware über die Ladentheke. Nach Presseberichten haben die von den Schlachthöfen auf Auktionen aufgekauften Rinder größtenteils weder Papiere noch Ohrmarken; sie gehen durch viele Hände; am Ende kennt keiner mehr den Hof, von dem sie stammen. Ihr Fleisch soll mit teilweise fingierten Papieren auf den Kontinent gehen, ebenso wie die lebend exportierten Kälber. Rinder, die nachgewiesenermaßen aus einem BSE-freien Betrieb kommen, werden auf Auktionen in England wesentlich teurer gehandelt.

Erkrankte Rinder	1985	1986	1987	1988	1989	1990	1991	1992	1993	1994
Neuerkrankungen	15	62	662	3229	7669	10080	22618	35160	41546	(ca. 22000)
Zunahme gegenüber Vorjahr	–	47	600	2567	5102	2411	12538	12542	6386	Abnahme

BSE-Vorkommen in Großbritannien (nach Kaaden, 1994, ausgenommen die Ang. 1994)

In Deutschland. Bisher wurde die übertragbare spongiforme Enzephalopathie bei 4 Rindern von Hobbyzüchtern sowie bei drei Straußen nachgewiesen; die Rinder waren englische Importe. Eine Reihe von Verdachtsfällen bei etlichen weiteren Straußen, Schlachtrindern, zwei Mufflons und einem Rentier (im zoologischen Garten) blieb aufgrund von Versehen, gewöhnlicher Schlamperei oder gezielter (?) Schlamperei unbestätigt. Bewiesen aber ist eindeutig, daß es in Deutschland infektiöses Futter gab und möglicherweise noch gibt. Die Strauße wurden entweder von Geflügelfutter, von Fleisch des Notschlachters oder beidem infiziert.

In der Schweiz. Bisher gab es bis zum Frühjahr 1995 139 bestätigte BSE-Fälle, einschließlich 1994 mit steigender Tendenz. In den ersten drei Monaten 1995 waren es allein 19 Fälle. Die meisten Infektionen wurden auf englisches Importfutter zurückgeführt, einige blieben ungeklärt.

In Nordirland. Bis einschließlich 1993 waren bereits etwa 1000 Fälle bekanntgeworden.

Verschiedene andere Länder. Auch in Frankreich, USA, Israel, Oman, Portugal, Dänemark, Kanada und auf den Falkland-Inseln sind vereinzelte BSE-Fälle diagnostiziert worden.

Schlußfolgerungen aus Krankheiten und Tierexperimenten

Es sind bisher weder alle aufschlußreichen noch notwendigen Untersuchungen beendet. Dennoch zeichnet sich natürlich ein Infektionsraster der spongiformen Hirnerkrankungen ab, anhand dessen sich auch die Gefahr für den Menschen abschätzen läßt. Zusammenfassend kann man feststellen:

1. Bisher wurden kaum Tierarten bzw. Tierstämme entdeckt, die nicht infizierbar sind. **Derzeit muß man deshalb annehmen, daß prinzipiell alle Tierarten einschließlich des Menschen durch die Erreger der spongiformen Hirnerkrankungen gefährdet sind.**
2. **Der Erreger verändert sich, wenn er in eine andere Tierart verbracht wird.** Der BSE-Erreger ist nicht mehr identisch mit dem Scrapie-Erreger, obwohl er von ihm abstammt.
3. Innerhalb einer Tierart gibt es unterschiedliche Empfänglichkeit für Erreger unterschiedlicher Herkunft. **Es verdichtet sich deshalb der Verdacht, daß es sich bei CJD, Scrapie, BSE usw. um mehrere Varianten eines einzigen Erregers handeln muß.**

4. **Die unterschiedlichen Tierarten sind anscheinend nicht gleich empfindlich:** Schafe, Ziegen und Nerze sind möglicherweise empfindlicher als Mäuse. Katzen, die gegenüber vielen Viruserkrankungen sehr empfänglich sind, erkrankten an der spongiformen Enzephalopathie erst im höheren Alter: dies mag auf eine niedrige Erregermenge ebenso wie auf relative Unempfindlichkeit zurückzuführen sein.
5. Indizien deuten darauf hin, daß innerhalb einer Tierart die nächste Generation die Erkrankung früher entwickelt als die vorige. Das heißt, **der Erreger wird gefährlicher; eine »Gewöhnung« gibt es nicht.**
6. **Der Erreger ist in verschiedenen Körpergeweben nachweisbar**: nach Ausbruch der klinischen Symptome sehr konzentriert im Gehirn und im Rückenmark; in Lymphknoten, Mutterkuchen, Blut, Milz, Darmgewebe u. a. in Spuren. Wenn er bisher weder im Rindfleisch noch in der Kuhmilch gefunden wurde, so ist dies möglicherweise nur eine »technische« Frage.
7. Wirkungsort des Erregers sind das Gehirn und das Rückenmark; dort vermehrt er sich auch.
8. **Klinische Symptome beginnen wahrscheinlich erst, wenn eine Mindestzahl an Gehirnzellen zerstört ist.**
9. Die Art der Anfangssymptome ist möglicherweise abhängig von der Art, wie der Erreger das Gehirn erreicht: über den Blutweg, über verschiedene Nervenbahnen (Augen-, Geruchsnerven), vielleicht auch mit Hilfe der Lymphbahnen.
10. Der Weg des Erregers in das Gehirn könnte einen Einfluß auf die Inkubationszeit haben: Ob der Erreger mit einer Sonde direkt in das Gehirn, mit der Nahrung in den Magen, auf die Augen-, Nasen- und Mundschleimhäute aufgebracht (z. B. als Trauerritual bei den Fore; bei Schafen und Kälbern während der Geburt) oder über eine Wunde in das Blut gelangt, dürfte Auswirkungen auf den klinischen Beginn haben.
11. Auch die Erregerdosis müßte sich auf den klinischen Beginn der Symptome auswirken. Z. B. erreichen 100 in das Gehirn eingetretene Erreger den nicht mehr auszugleichenden Ausfall von Gehirnzellen schneller als 1 Erreger.
12. Vor Beginn klinischer Symptome befindet sich der Erreger selbstverständlich im Körper des Infizierten. Während dieser Zeit dürften die Gewebe in unterschiedlichem Ausmaß infektiös sein, sofern das infizierte Tier als Nahrungsmittel dient. Falls die Vermutungen zutreffen, daß er

sich auch vor Erreichen des Gehirns vermehrt, wäre es wahrscheinlich, daß er dies im Nerven- und Lymphgewebe tut. Diese müßten deshalb bei Verzehr besonders infektiös sein. Theoretisch könnte man kein Gewebe von der Infektiosität ausschließen.

13. Bei Schafen und Rindern besteht der Verdacht, daß eine natürliche Ansteckung außerhalb des Futterweges vor oder während der Geburt stattfinden könnte.

14. **Insbesondere die Anwesenheit des Erregers in den Lymphbahnen läßt darauf schließen, daß er sich auch in der Kuhmilch befinden könnte.**

15. **Zur Gefährdung des Menschen:** Die bei den Fore »herausgezüchtete« CJD-Variante war offenbar sehr gefährlich, denn der Prozentsatz der Angesteckten war in manchen Gemeinden hoch; allerdings mag es auch sein, daß die Schleimhäute von Augen und Nase hochempfindlich sind. Untersuchungen beim kannibalisierenden Hamster lassen darauf schließen, daß der Erreger entlang des Riechnervs in das Gehirn gelangen kann.

Wodurch die »spontane« CJD ausgelöst wird, läßt sich derzeit nicht schlüssig nachweisen. Die Erkenntnisse aus der natürlichen und experimentellen Ansteckung bei verschiedenen Tierarten sprechen auch beim Menschen für infizierte Lebensmittel.

Folgende Zusammenhänge zwischen der Infektion und dem Ausbruch der Erkrankung sind denkbar:

a) Die Menschen bekommen CJD vorwiegend im Alter, da die in der Regel (zumindest in der Vergangenheit) geringe Anzahl verzehrter Infektionserreger viele Jahre benötigen, um sich so zu vermehren, daß es klinisch sichtbar wird.

b) Menschen, die durch Eßgewohnheiten eine höhere Dosis oder mehrmals eine kleinere Dosis des Erregers zu sich nehmen, können klinische Symptome in jüngerem Alter entwickeln.

c) Solange nur wenige Nahrungstiere BSE- oder Scrapie-Erreger enthalten, wird der Mensch in seinem Leben nur wenigen Erregern begegnen. Je mehr Tiere die Seuche haben, desto öfter wird der Mensch den Erreger unwissentlich verzehren. Entsprechend könnten sich die Inkubationszeiten in Ländern mit hohem BSE-Vorkommen verkürzen.

- Die »erbliche« Form der CJD könnte auch während der Geburt übertragen werden. Möglicherweise könnte eine genetische Disposition die Bereitschaft erhöhen, fehlerhaftes Eiweiß zu produzieren.
- Möglicherweise ist der Mensch relativ unempfindlich gegen Scrapie. Vielleicht wird CJD deshalb meistens erst bei älteren Menschen klinisch sichtbar.
- Über die Empfindlichkeit von Menschen gegenüber BSE kann noch keine Aussage gemacht werden. In den nächsten 10 Jahren wird sich erweisen, ob die CJD in England zunimmt.
- Es gibt eine hohe Dunkelziffer bei CJD, weil das Interesse in bezug auf diese »Alterserscheinung« gering war. Die korrigierten Angaben mit 1500 bis 9000 CJD-Toten in England pro Jahr könnte man als Indiz werten, daß CJD dort gehäuft vorkommt, wo auch Scrapie als ständige Epidemie in Erscheinung tritt.

16. Zu den Namen der Erkrankungen: Die Vielfalt der Namen läßt fälschlich an eine Fülle von Tierkrankheiten denken. Dies suggeriert Ungefährlichkeit. Unsere Kenntnisse deuten vielmehr darauf hin, daß wir den Erreger der Gehirnerkrankung analog zum Tollwuterreger sehen müssen: Die Tollwut ist für uns tödlich, ganz gleich, ob wir uns bei einer Fledermaus, einem Fuchs oder einem Hund anstecken. Daß die klinischen Symptome der Tollwut im Hund sich unterscheiden von denen der Fledermaus, sehen wir als ganz selbstverständlich an; die Antwort auf das Virus geht innerhalb eines bestimmten Symptomenkatalogs vom Infizierten aus, sie ist artenbedingt, also von den Genen abhängig. So dürfte es auch bei der übertragbaren spongiformen Enzephalopathie sein.

Angst vor Ansteckung

Im streng wissenschaftlichen Sinn sind Indizien, daß sich Menschen an den spongiformen Enzephalopathien der Tiere anstecken könnten, natürlich kein Beweis.

Jedoch kann man anhand der Fachliteratur und vereinzelter Zeitungsmeldungen bereits registrieren, daß Pharmafirmen anfangen, in aller Stille Vorsichtsmaßnahmen zu ergreifen.

- Eine französische Firma, die aus aller Welt Plazenten bezieht, um daraus das Eiweiß Albumin für pharmazeutische Zwecke zu extrahieren, hat sich 1993 entschlossen, die Spender auf familiäre CJD bzw. auf Vorbehandlung mit Wachstumshormonen zu überprüfen. (Übrigens untersagten kurz vorher die Briten das Einsammeln der Plazenten in England; die Begründung war jegliches Fehlen von Prüfmethoden hinsichtlich aller Infektionserreger einschließlich HIV. Da Großbritannien das Albuminpräparat nie als Arzneimittel zugelassen hat, scheint die Argumentation ziemlich fragwürdig. Man fragt sich, ob das Verbot nicht eher im Zusammenhang mit der damals neuen Erkenntnis stand, daß der Erreger der CJD bei akut CJD-kranken Schwangeren im Nabelstrangblut gefunden werden kann.)

– Ende 1994 suchten die japanischen Gesundheitsbehörden nach 9000 Empfängern eines amerikanischen Blutpräparates. Einer der Spender war an CJD gestorben, und die Firma hatte Alarm geschlagen. Für die japanischen Gesundheitsbehörden ist es offensichtlich durchaus denkbar, daß nun 9000 Menschen oder ein Teil davon mit CJD infiziert sind.

Theorien zur Ursache

Das Wichtigste am Anfang: noch kennt man den Erreger der spongiformen Hirnerkrankungen nicht. Er entzieht sich durch einige außergewöhnliche Eigenschaften dem Verdacht, er könnte ein Virus wie viele andere sein. Da konservative Virologen der Meinung sind, der Erreger sei prinzipiell ein Virus, andere Wissenschaftler aber meinen, es handle sich um ein prinzipiell neues, bisher unerforschtes infektiöses System, gibt es Kontroversen zwischen ihnen.

Leider sind die verschiedenen Auffassungen nicht nur von theoretischem Interesse: denn je nachdem, welcher man den Vorzug gibt, ergeben sich unterschiedliche Konsequenzen. Vor allem die Virushypothese würde die energische Durchführung von staatlichen Vorsorgemaßnahmen erfordern. Ihr diametral entgegengesetzt steht die Prionhypothese (vgl. S. 50 ff.), die gar keine Vorsorge verlangt.

Als Verbraucher kann man daher – ohne nähere Kenntnis der Theorien zur Ursache – bereits ahnen, welcher Hypothese die einschlägig tätigen Ämter, Amtsschimmel und Fachleute in Fleisch- und Pharmaindustrie zuneigen.

Bevor wir auf die unterschiedlichen Hypothesen eingehen, möchten wir das Augenmerk darauf lenken, daß wissenschaftliche Beschreibungen so richtig verständlich nur für diejenigen Wissenschaftler sind, die selber im betreffenden Feld tätig sind. Für alle anderen lassen sich durch Auslassung bzw. Betonung bestimmter Fakten Akzente verschieben, Gewichtung und Schlußfolgerung lenken. Es ist deshalb nicht besonders schwierig, Fakten allein durch die Wortwahl einer favorisierten These anzupassen. Selbst des *Kaisers neue Kleider* lassen sich mühelos zur Schau stellen. Das kann allen Thesenverfechtern passieren – auch ohne zweifelhafte Absichten.

Aber eine Hypothese ist keine wissenschaftliche Wahrheit, im Gegenteil: sie ist ein Spiel mit Möglichkeiten. Der Verbraucher darf sich davon nicht bluffen lassen. Letzten Endes läuft es darauf hinaus, daß er das Risiko für sich selber abwägen und danach handeln muß.

Die ungewöhnlichen Eigenschaften. Wenn als Ursache für eine Infektionskrankheit mit den gröberen optischen Instrumenten weder Einzeller, Pilze noch Bakterien gefunden werden können, denkt man normalerweise an ein Virus und geht auf die Suche. Verblüffung löst daher die Tatsache aus, daß bis heute kein Virus als Verursacher der spongiformen Gehirnerkrankungen dingfest gemacht werden konnte. Statt dessen weist der Erreger einige für ein Virus so ungewöhnliche Eigenschaften auf, daß Zweifel entstanden, ob es sich wirklich um ein Virus handelt:

1. Es löst keine Entzündungssymptome im Gehirngewebe oder irgendwo anders im Körper aus wie sonstige Infektionserreger.

2. Es gibt keinerlei Anzeichen für eine spezifische immunologische Reaktion gegen den Auslöser.

3. Der Erreger ist gegen Hitze, Desinfektionsmittel und Bestrahlung außergewöhnlich widerstandsfähig, d. h. , die üblicherweise in Krankenhäusern, Pharmabetrieben, Schlachthöfen etc. angewandten Sterilisationsverfahren reichen nicht aus, um die Erreger restlos abzutöten.

4. Bislang konnte keine viruseigene Erbinformation für den Bauplan des Erregers nachgewiesen werden. Alle Viren haben einen Bauplan, nach dessen Anweisungen die versklavten Wirtszellen neue Viren herstellen müssen.

Auf der Basis dieser von keinem Wissenschaftler angezweifelten Kenntnisse wurden verschiedene Hypothesen zur Ursache der Infektion entwickelt.

Die Virushypothese

Manche Wissenschaftler meinen, daß die oben genannten Eigenschaften zwar recht ungewöhnlich für ein Virus sind, es auf der anderen Seite aber auch nicht ausschließen. Vielmehr sehen sie gute Begründungen für ein Virus:

1. Die Tatsache, daß verschiedene Stämme des Erregers isoliert werden können – sogar aus einem einzigen Individuum –, spricht dafür, daß der Erreger diese Eigenschaften mitbringt. Das bedeutet: der Erreger hat eine Erbinformation.

Einen Infektionserreger mit eigener Erbinformation – dessen Kleinheit gleichzeitig alle anderen größeren Infektionserreger ausschließt – nennen wir Virus oder Virion. Daß man die Erbinformation noch nicht nachgewiesen hat, bedeutet keineswegs, daß es sie nicht gibt, sondern bestätigt technische Unzulänglichkeiten.

2. Die Infektiosität läßt sich von den pathologischen Eiweißansammlungen (in den Gehirnen) in gewissem Umfang, jedoch nicht vollständig, trennen. Damit bleibt einstweilen ungeklärt, ob der gesamte Eiweißkomplex oder ein Teil davon die Infektion auslöst; die Verfechter der Virustheorie glauben, daß sich im Eiweißkomplex ein Virus versteckt.
3. Von einer deutsch-italienischen Forschergruppe wurden elektronenmikroskopisch außergewöhnlich kleine Partikel von 10–12 nm (1 nm entspricht einem Milliardstel eines Meters) innerhalb der pathologischen Eiweißansammlungen nachgewiesen. Der Beweis ist damit noch nicht erbracht, daß diese fünfeckigen, dreidimensionalen Gebilde Viren sind, zumal die bislang bekannten kleinsten Viren 18 nm messen, aber es ist ein aussagekräftiges Indiz.
In voneinander unabhängigen Untersuchungen wurden diese virusähnlichen Partikel im Scrapie-infizierten Hamster sowie bei an CJD verstorbenen Patienten entdeckt. Dagegen fanden sie sich nicht bei Alzheimer-Patienten.
4. Eine englische Forschergruppe hat ein ungewöhnliches Virus mit einer komplexen dreiteiligen Struktur identifiziert, das sie für die Erkrankungen verantwortlich macht: Um eine wirtseigene Eiweißfaser windet sich eine viruseigene Nukleinsäure (genetisches Material); umhüllt ist das Päckchen von wirtseigenem Eiweiß, das aber fehlerhaft zusammengefaltet ist. Den Beweis für dieses Virus als Ursache sehen die Wissenschaftler darin, daß die Nukleinsäure nur bei infizierten Individuen gefunden wurde.
5. Eine amerikanische Forschergruppe veröffentlichte unerwartete Untersuchungsergebnisse, die in eine ganz andere Richtung weisen: mit Leukozyten (weißen Blutkörperchen) aus dem Blut völlig gesunder Menschen gelang es ihnen, bei Hamstern eine spongiforme Hirnerkrankung auszulösen.
Die Forscher folgern daraus, daß ein hoher Prozentsatz der amerikanischen (wie selbstverständlich auch jeder anderen) Bevölkerung mit dem Virus infiziert ist. Ähnlich wie bei der Infektion mit dem Herpesvirus (Herpesbläschen an den Lippen) soll es nur eine kleine Gruppe von Menschen geben, bei der – aus noch unbekanntem Grund – die Infektionserreger aus den Blutzellen in das Gehirn übertreten und damit zur klinischen Erkrankung führen.

Vergleich mit bekannten Viren. Alle diese Forschergruppen sind somit der Meinung, ein Virus dingfest gemacht zu haben oder zumindest Eigenschaften gefunden zu haben, die nur zu einem Virus passen können.

Der wesentliche Bestandteil eines Virus ist die Nukleinsäure, denn die enthält die Erbinformation für die Vervielfältigung des Erregers. Sobald man eine infektiöse Nukleinsäure entdeckt hat, kann man zu Recht von einem Virus sprechen. Ob die Viren darüber hinaus alle benötigten Eiweiße von der Wirtszelle herstellen lassen oder auch das eine oder andere selber herstellen – dieses alles ist zweitrangig und bestimmt hauptsächlich, wie groß das Virus ist und wie seine äußere Gestalt ist.
Die bisher bekannten kleinsten Viren enthalten noch unter 5 Gene, wobei – grob betrachtet – ein Gen für den Bau eines einzigen Eiweißes zuständig ist. Bei einem sehr kleinen und einfach gebauten Virus, dem Poliomyelitisvirus (Kinderlähmung), weiß man, daß es aus 4 verschiedenen Eiweißen aufgebaut ist, von denen anscheinend allein das größte die Immunantwort des Körpers auslösen kann.
Man kann sich nun leicht vorstellen, daß das Virus der spongiformen Hirnerkrankungen noch kleiner sein könnte.
Dieses vorausgesetzt, könnte das Rätsel des vermeintlich völlig unbekannten Infektionsprinzips sich auflösen: vielleicht handelt es sich nur um ein Virus von bis dahin unbekannter Kleinheit. Was die große Resistenz gegen Desinfektionsmaßnahmen betrifft, so wissen wir, daß die Widerstandsfähigkeit allgemein zunimmt, je kleiner ein Virus ist. Im Fall der spongiformen Hirnerkrankung wird der Erreger darüber hinaus noch durch – im Verhältnis zur Erregergröße – riesige Berge von Eiweiß geschützt.
Insgesamt gibt es prinzipiell keinen Beweis, daß es sich bei dem Erreger um etwas anderes als ein Virus handeln müßte. Unbestritten ist, daß uns vieles noch unbekannt ist – aber das ist bei einer Vielzahl von Viren genauso.

Klinische Befunde. Über die Ursachentheorie darf man die klinischen Beobachtungen nicht vergessen. Um es gleich vorweg zu sagen, sie passen gut zu einer Viruserkrankung.
Die umfangreichsten klinischen Erfahrungen hatten die Fore in Neuguinea. Bei ihnen trat die Erkrankung ja auf wie andernorts z. B. die Grippe. So wie bei uns jeder aus dem Handgelenk einige Symptome der Grippe aufzählen kann, wußten die Fore, was sie von Kuru zu erwarten hatten.
Etwa ein Drittel der Kranken gab an, daß den ersten Symptomen Kopfschmerzen, Schmerzen in den Knien, Husten und Schnupfen mit Fieber vorausgegangen waren, ein allgemeines Unwohlsein, das wir als grippale Symptome bezeichnen. So oder ähnlich reagiert der Körper gegen

Viren in der Anfangszeit nach der Infektion, zum Beispiel auch bei Aids und Kinderlähmung. Das ist die Phase, in der das Virus sich schon im Körper vermehrt, aber noch nicht an seinem »Zielorgan« angelangt ist.

Man könnte sich die Infektion also folgendermaßen vorstellen: Nach der Aufnahme mit dem Essen durchdringt der Erreger die Mund-, Magen- oder Darmschleimhaut und siedelt sich in den nächstgelegenen Lymphknoten ab. Möglicherweise vermehrt er sich dort schon; er könnte aber auch huckepack auf verschiedenen Immunzellen ins Blut gelangen, eine Reise durch den Körper antreten und sich an anderer Stelle vermehren, vielleicht in Milz und Thymusdrüse. Der Nachweis des Erregers im Blut bis zu 40 Tagen und sein Verschwinden danach stützt eine solche Vermutung. In dieser Phase würde der Mensch grippale Symptome haben.

Nach Monaten oder Jahren erreicht der Erreger das Rückenmark bzw. das Gehirn, wo er sich auf Kosten der Nervenzellen kräftig vermehrt. Zurück bleiben die leeren Zellen: Die nicht abbaubaren Eiweiße sind eine Folge der Virusvermehrung und dienen dem mechanischen Schutz der neuen Viren. Zu dieser Zeit setzt die eigentliche Krankheit ein.

Die häufig schubweise Verschlechterung des Gesundheitszustandes könnte auf wechselnde immunologische Abwehrkraft deuten. Ob die – selten beschriebenen – Symptome einer symmetrischen Hautveränderung bei den Patienten zum Krankheitsbild gehört, wurde bisher nicht diskutiert. Aber sie erinnert doch sehr an den symmetrischen Haarausfall Scrapie-kranker Ziegen und den Juckreiz bei Schafen. Und daß Viren bei schlechter Immunitätslage aus ihren Dauerquartieren – z. B. den Nervenzellen des Gehirns oder des Rückenmarks – entlang der Nervenbahnen in die Haut wandern können, weiß jeder, der schon einmal Gürtelrose hatte oder zu Herpes-Lippenbläschen neigt.

Die Virinohypothese

Man könnte das oben unter 4. beschriebene Virus als Virino bezeichnen. Ein Virino ist – grob betrachtet – ein unvollständiges Virus.

Ein ordentlich gebautes Virus besteht aus einer Virus-Nukleinsäure, die von einem Virus-Eiweiß geschützt ist. Der Bauplan für beides wird an die versklavte Wirtszelle übermittelt – und die gehorcht und baut.

Theoretisch denkbar ist nun, daß ein Virus die Erbinformation für seine Hülle verloren oder aus irgendeinem Grunde abgelegt hat. Statt dessen läßt es sich vom Wirtseiweiß schützen, das also die Funktion der Virushülle übernehmen muß. Man könnte es durchaus als Raffinesse eines Infektionserregers ansehen – als Weiterentwicklung des Infektionsprinzips.
Im Sinne dieses Ziels ist es logisch, daß das Wirtsprotein durch Faltung zu einer nicht abbaubaren Form umfunktioniert wird.

Die Prionhypothese

Amerikanische Forschergruppen – und mit ihnen heutzutage auch viele europäische Wissenschaftler – bevorzugen eine Hypothese, die eine völlig neue Klasse von Infektionserregern beinhaltet. Nach ihr werden die spongiformen Hirnerkrankungen nicht von Viren übertragen, sondern von infektiösen Eiweißen, Prione genannt (proteinaceous infectious particle).
S. B. Prusiner, der Wissenschaftler, der die Prionhypothese entwickelte, behauptete ursprünglich nicht, daß das Prion das infektiöse Prinzip, sondern daß es eine größere und notwendige Komponente davon sei. Da aber die Infektiosität sich nicht mit nukleinsäureschädigenden, sondern nur mit proteinsäureschädigenden Substanzen herabsetzen ließ, schloß man daraus, daß der Infektionserreger keine Nukleinsäure hat. Das Prion als Infektionserreger steht daher im Gegensatz zum Virus, dessen Wirksamkeit auf der Nukleinsäure – der Erbinformation – beruht.
Das infektiöse Eiweiß (protease-resistent protein, kurz PrP genannt) findet man im infizierten Gehirn als Eiweiß-Verbände, die sich zu Fibrillen, großen Fasergebilden, zusammengefügt haben. Zerlegt man diese in kleinere Untereinheiten, erhält man Eiweiße, die chemisch mit normalem Eiweiß nichtinfizierter Individuen identisch sind. In ihrer räumlichen Struktur aber sind sie nicht identisch: Das krankhafte Eiweiß ist anders gefaltet als das gesunde. Diese ungewöhnliche Faltung führt dazu, daß sie sich im Gegensatz zu der Normalform des Proteins nicht abbauen lassen und deshalb im Gehirn liegenbleiben.
Inzwischen weiß man auch, daß das für den Bau dieses Eiweißes zuständige Gen bei BSE, Scrapie oder der spontanen CJD keine Änderung erfährt. Mit anderen Worten, ein und dasselbe Gen sorgt beim Gesun-

den für die Produktion eines normalen, beim Kranken für die Produktion eines morphologisch veränderten Eiweißes.
Das bedeutet, es handelt sich nicht etwa um eine Mutation des Gens, die notwendig wäre, um die infektiösen spongiformen Hirnerkrankungen auszulösen.
Anders ist es bei familiär bedingten CJD- und GSS-Patienten: Bei ihnen ist das PrP in einer einzigen Aminosäure gegenüber dem gewöhnlichen PrP verändert. Die Mutante sorgt dafür, daß fehlerhaftes Eiweiß synthetisiert wird. Aber nicht alle Menschen mit dieser ausgetauschten Aminosäure erkranken an einer spongiformen Enzephalopathie.
Die Wissenschaftler isolierten das fehlerhaft gefaltete Eiweiß mit Proteasen, bombardierten es mit Strahlen, quälten es mit Hitze von 270 Grad Celsius oder mit einem Formalinbad: es blieb infektiös.
Nach der Prionhypothese gelingt es dem Prion, sobald es in eine gesunde Nervenzelle des Gehirns eingedrungen ist, den Bau falsch gefalteter PrP-Eiweiße zu starten. Da für diese Umwandlung eine Menge Energie nötig ist, vermutet man, daß dabei die Chaperone tätig werden, eine neuentdeckte Klasse von enzymatisch wirkenden Eiweißen. Wenn die Umwandlung des normalen in das fehlerhafte Eiweiß erst einmal gelungen ist, läuft der Prozeß gewissermaßen von selbst.
Die Wissenschaftler konnten mit verschiedenen raffinierten Versuchen nachweisen, daß Tiere ohne PrP nicht infizierbar sind: Eine spongiforme Hirnerkrankung braucht also ein PrP erzeugendes Gen, um als Krankheit »anzugehen«. Umgeschaltet von der einen Strukturform in die andere wird im wesentlichen nur das PrP der eigenen Art. Der Mensch ist deshalb empfänglich für CJD, aber weitaus weniger für BSE, weil sich die beiden Prionenproteine an mehr als 30 Stellen voneinander unterscheiden. Bei Menschen, die die spontane CJD entwickeln, ist möglicherweise sogar das PrP von selbst in die krankhafte Form umgesprungen.
Die Wissenschaftler untersuchten auch, welche Aufgaben das normale Prioneiweiß hat. Da sie keinerlei Funktion entdecken konnten, schlossen sie daraus, daß es genetisch möglich sein müßte, das nutzlose Gen bei Mensch und Tier auszuschalten: danach wäre eine Infektion unmöglich, und der Mensch bliebe von der Krankheit verschont.
Dem stehen neuere Untersuchungsergebnisse entgegen: es scheint so, als ob das Prion-Eiweiß an der Gedächtnisbildung beteiligt wäre. Der Ausfall des normalen Prion-Eiweißes würde also erklären, weshalb es bei CJD-Patienten zu dem ausgeprägten Gedächtnisverlust kommt.

Von einer gezielten Zerstörung des Gens für das Prion-Eiweiß wäre demnach wohl dringend abzuraten.

Klinische Konsequenzen. Die klinischen Konsequenzen dieser Hypothese wurden bisher nicht ausdiskutiert, obwohl selbstverständlich ein prioninfizierter Mensch für andere gefährlich, weil infektiös, sein müßte. Durch Blutübertragungen z. B. könnte also ein infizierter Mensch andere anstecken.
In der Logik der Hypothese liegt aber auch, daß Rindfleisch kaum für den Menschen gefährlich ist, da die Prionproteine von Mensch und Rind sich weit voneinander unterscheiden. Im übrigen ist natürlich eine Vorsorge nicht möglich, wenn man voraussetzt, daß sich die Krankheit gewissermaßen von selbst entwickelt, wie bei der spontanen CJD.
Einsehbar ist, daß es keine Immunreaktionen gegen körpereigene Eiweiße geben kann, die sich nur in der Faltung von den normalen unterscheiden.

Handlungsbedarf – oder auch nicht...

Wie weiter oben erwähnt, bleiben die grundsätzlich möglichen Ursachen der übertragbaren spongiformen Hirnkrankheit nicht ohne Konsequenzen in bezug auf Schutzmaßnahmen.
Die Prionhypothese ist vom Denkansatz her natürlich viel komplizierter als jede Virushypothese, ja, sie ist so kompliziert, daß ihre medizinischen Folgen noch gar nicht ausgemalt werden können. Denn ein neues Infektionsprinzip beinhaltet gewiß nicht nur *eine* neue Krankheit, sondern mehrere. Vielleicht gibt es sogar weitere Infektionsprinzipien. Unsere bisher bekannte medizinische Ordnung wäre damit jedenfalls auf den Kopf gestellt.
Die Folge ist: wir können – was die Vorsorge betrifft – die Hände in den Schoß legen. Maßnahmen gegen eine Krankheitsform, die nur bei einer bestimmten genetischen Vorbedingung gefährlich ist, sind weder notwendig noch möglich. Am Rindfleisch kann sich der Mensch ohnehin kaum anstecken. Wir benötigen lediglich Geld zur Erforschung des unbekannten Infektionsprinzips, zweckmäßigerweise internationales Geld, denn ein solches Krankheitsprinzip geht die ganze Welt an. Und dahinter winken Forschungspreise bis zum Nobelpreis. Allerdings

hauptsächlich wohl für Amerikaner, da die Hypothese von dort stammt und die meisten Prionenforscher dort arbeiten.
Anders ist es mit der Virushypothese.
Viren: das hört sich im Prinzip einfach an. Jeder kennt Viren und weiß, daß man gegen sie vorgehen, sie manchmal sogar ausrotten kann – wie die gefährlichen Menschen-Pocken. Die Vorsorge gegen die Infektion kann allerdings teuer werden. Wenn wir akzeptieren, daß 70% der Rinderherden eines ganzen Landes mit einem für Menschen unter Umständen tödlichen Erreger infiziert sind, müßten wir diese Rinder aus der Nahrungskette herausnehmen, also vernichten. Das kostet Geld, wahrscheinlich EG-Geld. Daran kann die geballte europäische Wirtschaftsmacht kein Interesse haben, genausowenig wie die europäischen Regierungen.
Im übrigen ist die Virusforschung eine etablierte Wissenschaft, sozusagen fast ein Handwerk. Für die Erforschung eines einzelnen Virus wird jenseits spektakulärer Objekte, wie anfänglich Aids, wenig Geld ausgegeben. Die Arbeit mit einem gewöhnlichen Virus bringt dem Wissenschaftler auch nicht so viel Prestige wie eine neuentdeckte Klasse von Erregern. Warum überhaupt sollte man auch in ein einzelnes Virus soviel Geld stecken? Es gibt ja so viele. Und letztlich ist ein in England galoppierendes Virus vom Standpunkt der geldgebenden Institutionen anderer Länder hauptsächlich ein Problem der Engländer.
Wenn man also Gesundheitsminister und Landwirtschaftsminister aller westlichen Länder an einen Tisch brächte und sie fragte, an welche Hypothese sie innerhalb ihrer Diensträume glauben, würde man wohl zur Antwort bekommen: an die Prionen.
Wenn man die bekanntesten Wissenschaftler der westlichen Länder um Rat fragte, wo große Geldsummen investiert werden sollten: in die Forschung einer unbekannten Klasse von Infektionserregern oder in Vernichtungsaktionen von infizierten Tieren – was würden sie wohl antworten?
Die Prionhypothese ist nachweislich derzeit die populärere Denkrichtung.

Wovor wir uns fürchten

Wissenschaftler und Politiker befinden sich am Beginn jeder möglichen gesundheitlichen Bedrohung der Allgemeinheit in der Schere zwischen »Panikmache« und »Verharmlosung«. Das ist sicherlich einer der Gründe, weshalb Maßnahmen staatlicher Organe bei Epidemien grundsätzlich zu spät oder gar nicht kommen, wie es z. B. bei Aids der Fall war.

Die möglicherweise Betroffenen, in diesem Fall die gesamte Menschheit, müssen sich deshalb selbst Gedanken darüber machen, wieviel Risiko sie bereit sind, für sich und ihre nicht entscheidungsfähigen Kinder zu tragen.

Daher ist es notwendig, sich schonungslos über die Gefahren von BSE klarzuwerden. Es sei betont, daß wir nicht genau wissen, was geschehen kann. Eins ist jedoch sicher: wenn wir den schlimmsten Fall annehmen, ist eine Krankheit wie BSE/CJD wesentlich gefährlicher als Aids. Denn vor einer Krankheit wie Aids kann man sich schützen, dagegen nicht vor einer Krankheit, deren Erreger möglicherweise zunehmend unsere gesamten tierischen Nahrungsmittel verunreinigt.

Doch zunächst muß man Überlegungen dazu anstellen, wie die Zusammenhänge zwischen den Erregervarianten der spongiformen Gehirnerkrankungen bei den einzelnen Tierarten einschließlich des Menschen sein könnten.

Mögliche Zusammenhänge zwischen CJD, Kuru und GSS

Eine genauere Vorstellung läßt sich aus einem Vergleich der verschiedenen Formen spongiformer Hirnerkrankungen beim Menschen entwickeln. Allein aus dem zeitlichen Einsetzen der Krankheitssymptome, soweit wir diese kennen, ergibt sich eine Strukturierung.

Wie ein »Feldversuch« mit definiertem Beginn der Krankheitswelle nimmt sich Kuru bei den Fore aus. Bei ihnen gab es auch die jüngsten Kranken. Da die Frauen die Trauerprozedur für ihre verstorbenen Verwandten durchführten, waren sie immer betroffen. Jungen, die im Kinderalter infiziert worden waren, solange sie inmitten der Frauenge-

meinschaft lebten, starben häufig genau wie die Mädchen als Jugendliche; waren sie beim Tod eines Verwandten bereits in die Männergemeinschaft aufgenommen worden, entgingen sie der infektiösen Prozedur. Die Vermutung ist sicher nicht abwegig, daß Kinder mit konzentrierten Mengen des Erregers infiziert wurden, vielleicht sogar wiederholt, wenn mehrere Kuru-kranke Verwandte im Abstand weniger Monate oder Jahre starben.
Die Infektionserreger nahmen möglicherweise sowohl den Weg über die Augenschleimhäute als auch über Mund und Darm; vielleicht spielten auch offene Wunden beim Zahndurchbruch eine Rolle.
Alles in allem resultierten daraus bei den Fore ein ungewöhnlich früher Krankheitsbeginn und ein ungewöhnlich hoher Prozentsatz von Opfern.

Bei herkömmlicher CJD dauert die Inkubationszeit im allgemeinen wesentlich länger als bei Kuru; dabei tritt die Krankheit nach der allgemeinen Ansicht der Experten bei den »familiären« Erkrankungen früher in Erscheinung als bei den »spontanen«.
Beobachtungen stimmen darin überein, daß bei den sogenannten »familiären« CJD-Krankheitsformen die Verwandten nicht zur gleichen Zeit, sondern in etwa gleichem Alter erkranken. Möglicherweise infizieren sich also die Kinder schon vor der Geburt. Mit der schon vor der Geburt beginnenden Inkubationszeit würde sich leicht das zeitlich frühe Auftreten erklären.
Die »familiäre Vererbung« könnte sich aber auch sehr wohl auf tradierte Gewohnheiten beziehen, die im Kleinkindesalter einsetzen.
Andererseits sind sowohl bei den libyschen Juden in Israel mit statistisch abgesichertem höheren Vorkommen von CJD als auch bei der GSS unterschiedliche Mutationen im PrP nachgewiesen. Es wäre deshalb sehr wohl möglich, daß die entsprechenden Gene an der Entwicklung der Krankheit beteiligt sind – auf der Basis einer Infektion.
In höherem Alter als bei diesen tatsächlich oder scheinbar vererblichen Krankheitsformen beginnt die CJD im allgemeinen bei den sogenannten »spontanen« CJD-Erkrankungen. Eine Ausnahme bilden nur die Infektionen durch Implantate und Sonden, bei denen die Krankheit innerhalb von Monaten ausbricht. Es liegt deshalb die Vermutung nahe, daß sich auch andere spontane CJD-Erkrankungen aufgrund einer Infektion entwickeln – irgendwann im Laufe seines Lebens kann der Mensch unwissentlich mit dem Erreger in Kontakt gekommen sein. Möglicherweise

erweist es sich bei genauerem Nachforschen, daß die Inkubationszeit bei einmaligem Verzehr des Erregers immer etwa gleich ist und höchstens durch die Menge der aufgenommenen Erreger variiert wird.
Eine derartige Annahme wird in der wissenschaftlichen Literatur gestützt von Berichten über zwei Ehepaare, bei denen bei beiden Partnern die CJD ausbrach, bei dem einen Ehepaar sogar zur gleichen Zeit. Wagt man sich zu weit vor, wenn man die Krankheit auf eine Infektion, zum Beispiel auf eine erregerhaltige Mahlzeit, zurückführt? Die Autoren, die darüber berichten, vermerken ausdrücklich, daß von Alzheimer bei Ehepaaren in der Literatur nichts bekannt ist.
In einem anderen gut dokumentierten Fall erkrankten drei Menschen – zwei Schwestern und ein Sohn einer der Frauen – im Laufe eines einzigen Jahres an GSS; möglicherweise war noch ein viertes Familienmitglied – 45 Jahre früher – an der Krankheit gestorben. Ein solches Einsetzen von Krankheitssymptomen ist fraglos typisch für Infektionskrankheiten, sofern man Vergiftungen ausschließen kann.
Festgestellt wurde – lange vor Ausbruch der BSE und dem Aktuellwerden der spongiformen Erkrankungen –, daß es verschiedene Gegenden mit ganz besonderer Häufung von CJD gibt. Darunter sind die zwei schon erwähnten Bezirke in der Slowakei, in denen die Erkrankten übrigens nicht eng miteinander verwandt sind. Trotzdem wurde bei diesen Kranken die oben erwähnte genetische Veränderung gefunden. Es steht fest, daß es die Krankheit früher dort nicht gab, sie hingegen plötzlich und etwa zeitgleich bei Menschen unterschiedlichen Alters ausbrach, was, wie oben erwähnt, typisch für Infektionen ist.
Zwei andere ländliche CJD-Bezirke wurden – vor dem Ausbruch der BSE – in England beschrieben: lose Bekanntschaften, Verwandtschaften und gemeinsame Wohnorte wurden als vage gemeinsame Nenner zwischen den Erkrankten entdeckt. Näher kam man der Lösung nicht.

Resümee: Alles deutet darauf hin, daß die spongiforme Hirnerkrankung durch einen Krankheitserreger vermittelt wird, der mit der Nahrung oder über Schleimhäute und Wunden aufgenommen wird. Der Zeitpunkt des Krankheitsausbruchs scheint vom Zeitpunkt des Kontakts mit dem Erreger abhängig zu sein: wahrscheinlich sind Jugendliche besonders gefährdet. Möglicherweise hängt der Zeitpunkt des Krankheitsausbruchs auch von der Menge der Erreger ab: je mehr, desto früher nach Ablauf einer bestimmten Latenzzeit.

Welcher Zusammenhang könnte zwischen den Erkrankungen des Menschen und der Tiere bestehen?

Alles in allem deuten sich durchaus erklärbare, in Einzelfällen sogar zwingende, Zusammenhänge zwischen den Erkrankungen von Mensch und Tier an. Um Genaues zu wissen, sind wir auf die epidemiologischen Untersuchungen angewiesen, also der genauen Recherche aller Umstände, die zu den CJD-Erkrankungen geführt haben können.
Mit größerer Sicherheit können wir bisher die natürlichen spongiformen Enzephalopathien fast aller befallener Tierarten von Scrapie ableiten. Aufs höchste alarmierend ist die Tatsache, daß Menschen nach der Impfung mit Scrapie-verunreinigtem Impfstoff CJD entwickelten. **Es besteht daher gar kein Zweifel, daß Scrapie auch für Menschen infektiös ist.**
Selbst bei den einst kannibalisch lebenden Fore läßt sich nicht mit Sicherheit entscheiden, ob ein Scrapie-krankes Schaf, ein CJD-kranker Mensch oder ein Schwein mit spongiformer Enzephalopathie dem Erreger den Beginn einer neuen Infektionskette eröffnete. Aber genau wie in der Slowakei kann man sich auch bei den Fore erinnern, daß die Krankheit erst ab einem bestimmten Zeitpunkt einsetzte. In den betroffenen slowakischen Gebieten wird Schafzucht getrieben, jedoch sind die Angaben widersprüchlich bezüglich Scrapie. Die Indizien sprechen dennoch dafür, daß der Erreger in beiden geografisch eng begrenzten Gebieten durch einen bestimmten Infektionsträger Eingang fand und sich dann verbreiten konnte. Es ist vielleicht sogar unerheblich, wie der Erreger vorher hieß, Scrapie-Agens oder CJD-Agens.
Mehrere amerikanische Untersuchungen in der Mitte der 80er Jahre, also vor Ausbruch von BSE, befaßten sich mit dem Zusammenhang von Scrapie und CJD. Sie kamen zu der statistisch abgesicherten Aussage, daß ein Zusammenhang zwischen dem Verzehr von gebratenem Schwein, Hammel, Lamm, sowie Hot dogs und kurzgebratenem Fleisch und erhöhtem Vorkommen von CJD besteht. Die Untersucher begründeten den Risikofaktor Hot dog damit, daß in den USA Schaffleisch in Würstchen enthalten sei; warum Schweinefleisch auch zu den Risikofaktoren gehörte, konnte nicht erklärt werden – aber im Zusammenhang damit erinnerten sie daran, daß die Fore im Kuru-Gebiet bevorzugt Schweinefleisch verzehren.

Möglicherweise ist auch das Rind längst ein Glied in der Kette zwischen Scrapie und Mensch gewesen, ohne daß dieses uns jemals aufgefallen wäre. Bei gelegentlichen Schafserkrankungen und jahrelanger Inkubationszeit des Menschen dürfte der Ansteckungsweg gar nicht bemerkt worden sein.

Von denjenigen, die einen Zusammenhang von tierischen und menschlichen spongiformen Gehirnerkrankungen ablehnen, wird geltend gemacht, daß CJD keineswegs zu einem höheren Prozentsatz dort auftrete, wo Scrapie heimisch sei. Außerdem gebe es – völlig richtig – CJD auch unter Vegetariern.

Dem muß man entgegenhalten, daß noch vor wenigen Jahren die Diagnosen der verschiedenen in Frage kommenden Erkrankungen auch in Europa durcheinandergingen. Vor allem in Ländern mit extensiver Schafhaltung und weit verstreuter Bevölkerung dürfte sowohl die Diagnose Scrapie als auch CJD nur in den seltensten Fällen korrekt gestellt worden sein. Und was die Vegetarier betrifft, so haben sicherlich die meisten von ihnen als Kinder auch Fleisch oder Milch zu sich genommen; im übrigen gibt es noch unzählige Möglichkeiten, unwissentlich mit Schaf- oder Rindfleischprodukten in Kontakt zu kommen, sei es über fleischfreie Genußmittel oder Medikamente (siehe weiter unten).

Unter den veränderten Bedingungen des galoppierenden Rinderwahnsinns können wir es uns jedenfalls nicht mehr leisten, die Erkrankung des Menschen als selten vorkommenden »Unfall« anzusehen. Der unausweichlich tödliche Ausgang und die fehlende Behandlungsmöglichkeit rechtfertigen jetzt strengstmögliche Vorkehrungen gegen die Infektion.

Resümee: Derzeit müssen wir annehmen, daß die spongiformen Hirnerkrankungen der Tiere für den Menschen infektiös sind. Es ist fahrlässig zu behaupten, es gebe keine Ansteckungsgefahr. Die Erfahrung lehrt uns das Gegenteil; alles übrige ist Wissenslücke. Man muß davon ausgehen, daß die bisher niedrigen CJD-Erkrankungsziffern zum einen das Resultat der geringen Zahl von Infektionsträgern unter den Fleischtieren, zum anderen einer hohen Dunkelziffer sind. Durch die BSE-Epidemie ist die Kontaktmöglichkeit des Menschen mit dem Erreger immens gestiegen.

Um Klarheit zu gewinnen, welche Vorsichtsmaßnahmen notwendig sind, muß man zuerst feststellen, mit welchen Konsequenzen man andernfalls zu rechnen hätte. Wir sind zum Glück in der Lage, uns aufgrund von Analogieschlüssen aus anderen Infektionen ganz nüchtern zu überlegen, wie und wo der Keim sich ausbreiten und was dann passieren könnte.

Gefahren für den Menschen im Modellfall

Um die Gefährdung des Menschen durch spongiforme Hirnerkrankungen im Modellfall durchkalkulieren zu können, muß man vereinfachen. Deshalb setzen wir voraus, daß der Erreger dieser Erkrankungen bei allen Tierarten, einschließlich des Menschen, ungeachtet der unterschiedlichen Erreger-Stämme, derselbe ist.
Wir spielen im folgenden zwei Varianten durch:
a) der Mensch (als Spezies) ist so empfänglich für den Erreger wie andere uns bekannte Tierarten,
b) der Mensch ist sehr viel unempfindlicher.

Voraussetzung: Infektionsgefahr wie bei BSE

Im ersten Fallbeispiel setzen wir voraus, daß der Erreger grundsätzlich ähnlich infektiös ist wie erwiesenermaßen BSE beim Rind, Scrapie beim Schaf und Kuru beim Eingeborenen in Neuguinea.
Unter dieser Annahme würden die Menschen den Erreger mit der Nahrung zu sich zu nehmen; verunreinigte Lebensmittel wären also höchst gefährlich. Nach unseren bisherigen Erkenntnissen würden sich wenige bis viele Menschen infizieren, was reichlich vage ist, aber wir kennen zugegebenermaßen den Prozentsatz nicht. Wir wissen nicht, warum in manchen Gemeinden der Fore 50% aller Verstorbenen an Kuru starben. Tatsache ist jedoch, daß diese Krankheit aus uns unbekannten Gründen und unter unbekannten Umständen die Formen einer Epidemie annehmen kann.
Wenn wir zum Vergleich die bei den Fore aufgetretenen Sterbeziffern von jährlich 8 Kuru-Toten auf 1000 Einwohner hinzuziehen, so würde eine Modellrechnung folgendermaßen aussehen:

Bei	10 000 Einwohnern:	80 CJD-Tote jährlich
Bei	100 000 Einwohnern:	800 CJD-Tote jährlich

Bei	1 000 000 Einwohnern:	8000 CJD-Tote jährlich
Bei	80 000 000 Einwohnern:	640000 CJD-Tote jährlich

Wenn man als Basis die Zahlen einer anderen spongiformen Enzephalopathie zugrunde legt, die der englischen Rinderherden mit »nur« 2 BSE-Tieren auf 1000 Rinder, ergibt sich:

Bei	10 000 Einwohnern:	20 CJD-Tote jährlich
Bei	100 000 Einwohnern:	200 CJD-Tote jährlich
Bei	1 000 000 Einwohnern:	2000 CJD-Tote jährlich
Bei	80 000 000 Einwohnern:	160000 CJD-Tote jährlich

Denkbar ist sogar, daß der Prozentsatz der CJD-Toten in westlichen Ländern sich gegenüber dem durchschnittlichen Prozentsatz bei den Fore erhöhen könnte, weil das Durchschnittsalter im Bereich moderner westlicher Medizin wesentlich höher als im Bergland von Neuguinea vor 30 Jahren sein dürfte. In jedem Fall sind es geradezu erschreckend hohe Zahlen.

Vergleich mit bekannten Infektionserregern: Zwangsläufige Steigerung der Infektionsgefahr durch Erregerwandel. Aus den Berichten des 18. Jahrhunderts ist bekannt, daß die Scrapie-Epidemie, über Jahre gesehen, in wechselnder Heftigkeit unter den Schafen wütete. Unterschiede in der Gefährlichkeit von »Seuchenzügen« ist bei vielen bakteriellen und Viruserkrankungen gewissermaßen normal: diese gesicherte Tatsache bei Scrapie bestärkt geradezu die Annahme, daß es sich um eine Viruserkrankung handelt.
Derzeit breitet sich beispielsweise ein besonders aggressiver Diphtheriekeim in Rußland aus; Anfang des 20. Jahrhunderts war eine Zeitlang Scharlach besonders infektiös; die Grippeepidemie von 1920 war die bisher gefährlichste, die wir je hatten.
Im allgemeinen begründen wir diese wechselnde Gefährlichkeit mit Varianten in den Genen der Keime: die Bandbreite kann sich im Extremfall von harmlos bis absolut tödlich erstrecken. Die Krankheitserreger ändern ihr Erbgut genau wie alle anderen Lebewesen: das eben ist Evolution.
Selbstverständlich wissen wir nicht, wann ein Keim dabei ist, sich in Richtung auf größere Gefährlichkeit zu entwickeln, aber eines wissen

wir genau: je größer die Anzahl der Keime einer bestimmten Art im Umlauf, desto größer die genetische Vielfalt.

Es steigt damit auch die Häufigkeit, mit der die Keime einander begegnen. Zuweilen begegnen sie einander in demselben Tier, in derselben Zelle. Das Erbgut wird in die menschliche oder tierische Zelle entlassen, dort vervielfältigt und dann wieder zusammengesetzt. Leicht passiert es, daß das Erbgut unordentlich zusammengesetzt wird – die Eigenschaften der Erreger-Stämme, die im selben Tier zufällig aufeinander trafen, können sich dabei mischen. Die Scrapie-Infektion unter natürlichen Bedingungen wird für eine solche Mischinfektion von Erregern unterschiedlicher Stämme gehalten.

Im Ablauf der Evolution wäre es normal, daß sich aus einer solchen zufälligen Chance gehäuften Erbgutaustausches verschiedene Varianten entwickeln. Und damit steigt auch die Gefahr besonders gefährlicher Kombinationen. Das heißt: je mehr BSE/CJD/Scrapie-Erreger im Umlauf sind, desto größer ist die Wahrscheinlichkeit, daß besonders gefährliche Varianten unter den Neukombinationen sind. Wir müssen also damit rechnen, daß aus diesem bis jetzt weitgehend unbekannten, gewissermaßen normalen BSE/CJD/Scrapie-Erreger sich Varianten bilden, die wir überhaupt noch nicht kennen.

Aus Erfahrung wissen wir auch, daß Infektionserreger am Beginn ihres Kontaktes mit einer neuen Tierart, den Menschen eingeschlossen, besonders gefährlich sind. Da niemand je Kontakt mit einem neuen Infektionserreger gehabt hat, gibt es keinerlei Immunität oder Abwehrmöglichkeiten – wir kennen das Phänomen von Aids. Viele Menschen würden zunächst einmal erkranken, es gäbe also eine Epidemie. Bei weiterer Ausbreitung könnte daraus nach einigen Jahren eine weltumspannende Seuche werden, eine Pandemie also.

Im Verlauf der folgenden Jahrzehnte oder Jahrhunderte würde sich möglicherweise allmählich ein Gleichgewicht zwischen dem Krankheitserreger und den Wirten, also Menschen und Tieren, einstellen. Wirte und Viren würden vielleicht »lernen«, miteinander umzugehen, ohne einander umzubringen, so wie die früher lebensgefährlichen Krankheiten Syphilis, Pest oder Masern heute zu einem beherrschbaren Übel geworden sind.

Gefahr für ungeborenes Leben. Noch weniger berechenbar, aber noch gefährlicher würde die Infektion möglicherweise für die ungeborene Generation sein. Wir wissen bisher gar nichts über den Zusam-

menhang von der Erkrankung der Mutter und der möglichen Infektion des Fetus. Eine Gefährdung ist allerdings durch den Nachweis des Erregers im Blut einer schwangeren, akut CJD-kranken Frau erbracht. Der Erreger könnte das Kind möglicherweise sowohl über den Blutkreislauf als auch bei der normalen Geburt innerhalb der Geburtswege über die kindlichen Schleimhäute erreichen.
Unter dieser Annahme könnte sich der Erreger schon sehr früh seinen Weg in das Gehirn des Menschen bahnen und um so eher mit seiner Vermehrung beginnen.
Die Folge dieser Frühinfektionen könnte ein rascher Anstieg der CJD-Todesfälle im Kindesalter und bei jungen Erwachsenen sein, so wie es bei den Fore der Fall war. Die Wissenschaftler sind sich übrigens in dem Punkt einig, daß die Infektion bei Rindern meistens im frühesten Alter erfolgt.

Gefahr für Immunsuppressive und chronisch Kranke. Sie läßt sich im Umfang nicht abschätzen. Jedoch sind erfahrungsgemäß Menschen mit vorgeschädigtem Immunsystem wesentlich empfindlicher gegen Infektionserkrankungen.

Berufsbedingte Gefährdung. Menschen in Berufen, die sie mit dem Erreger in Kontakt bringen könnten, wären besonders gefährdet. Dabei ist es unerheblich, ob der Erreger vom Rind, Schaf oder vom kranken Menschen stammt. Landwirte, Schlachter, Schäfer, Melker, Tierärzte, Ärzte, Menschen in schafmilchverarbeitenden Betrieben, Molkereimitarbeiter, Schlachthofpersonal, Krankenhauspersonal, möglicherweise auch Köche und Mitarbeiter in Restaurants und Imbißbuden, Futterhändler, Leichenbestatter, Angestellte von Tierkörperverwertungsanstalten u. a. wären allein durch Kontakt mit dem Erreger gefährdet.
Solange es am lebenden Tier keinen Beweis für die Infektion gibt, müßte man alle Tiere, die über englisches Futter infiziert sein könnten, als hochinfektiös behandeln und entsprechende Vorkehrungen für Kontaktpersonen treffen. Das Eindringen des Erregers über Schnitt- oder andere Verletzungen sowie über die Schleimhäute müßte ausgeschlossen werden: Stahlhandschuhe, Gesichtsschutz und anderes wäre in den betroffenen Berufen notwendig.

Modellfall: Niedrige Infektionsgefahr

In unserem zweiten Denkmodell setzen wir voraus, daß die CJD deswegen selten ist, weil der Mensch resistenter gegen den Erreger ist als das Rind gegen den BSE-Erreger und das Schaf gegen den Scrapie-Erreger.

Wir müssen betonen, daß diese Voraussetzung nicht auf der Basis bisheriger CJD-Zahlen beruhen kann. Zur »natürlichen« Infektiosität des Erregers beim Menschen können wir uns nämlich noch gar keine Vermutungen leisten. Denn der Erreger war bisher selten, solange er ausschließlich im Schaf vorkam. Bezogen auf die Gesamtzahl von Schafen, gab es in den westlichen Ländern wahrscheinlich nur wenige Scrapiekranke Einzeltiere (wir können zum Vergleich nur diese heranziehen, weil Informationen über CJD und Scrapie in anderen Ländern noch unsicherer sind als die aus Europa).

Da in der Vergangenheit also verhältnismäßig wenig Menschen je in Kontakt mit dem Scrapie-Erreger gekommen sein können, auf der anderen Seite genaue CJD-Zahlen gar nicht bekannt sind, sind Aussagen zur Empfindlichkeit des Menschen reine Vermutungen.

Gesetzt den Fall aber, daß Menschen tatsächlich eher resistent sind, würden sich die absoluten Erkrankungszahlen von CJD dennoch in Zukunft beträchtlich erhöhen. In Abhängigkeit von der BSE-Erregermenge im Rindfleisch würden sie dann nur linear mit dem zunehmenden Vorkommen des Erregers steigen. **Mit anderen Worten: je mehr Rinder den Erreger unerkannt in sich tragen, desto mehr Menschen werden an CJD erkranken, selbst wenn die Spezies Mensch im Prinzip nur in sehr geringem Grad infizierbar ist.**

Reine Spekulation wäre es, wollte man nun die Erreger noch miteinbeziehen, die sich in anderen Fleischarten befinden könnten. Eines aber steht fest: Es wäre für uns sicherer, wenn die Erreger der spongiformen Hirnerkrankungen nicht in einem unbekannten Ausmaß über die Welt verteilt worden wären.

Gefahren für weitere Tierarten

Aber es ist ja nicht nur der Mensch gefährdet. Wir wissen, daß der Erreger sich auf dem amerikanischen Kontinent bereits im Wildtierbestand unkontrolliert ausbreitet. Logischerweise könnte er von den Hirschartigen leicht auf die – empfänglichen – kleinen Raubtierarten und Bären sowie auf Raubvögel übergreifen. Da er dabei seine Eigenschaften wiederum verändern könnte, ist gar nicht abzusehen, wie und für wen der Erreger am Ende der Kette infektiös sein könnte. Eine nochmalige Erweiterung empfänglicher Tierarten ist möglich, genau wie eine Steigerung der Infektiosität für den Menschen.

Wer weiß, ob der Erreger dann nicht sogar aus einer ganz anderen Richtung auf den Verbraucher zukäme als bisher. Immerhin sind auch die Grippeepidemien, die Millionen Menschenleben gefordert haben, in jüngerer Zeit die Folge einer höchst intensiven, völlig unnatürlichen landwirtschaftlichen Produktionsweise in Südostasien, zunehmend auch des Westens.

Letzten Endes könnte der Mensch in der Tierwelt der gesamten Erde eine Kettenreaktion unvorstellbaren Ausmaßes angeschoben haben – allein aus dem Grund, daß er es für sinnvoll hielt, zur (überflüssigen) Erhöhung der Milchproduktion einen Pflanzenfresser in einen Fleischfresser umzuwandeln.

Bestimmungen der Gesetzgeber

Maßnahmen, die der Verbraucher im Zusammenhang mit Lebensmitteln für vernünftig hält, sind nicht im entferntesten deckungsgleich mit dem, was der Gesetzgeber vorschreibt. Außerdem hinken die Verordnungen zeitlich weit hinter den Erkenntnissen her oder fallen noch vor ihrem Erlaß wirtschaftspolitischen Erwägungen zum Opfer.
In bezug auf BSE- und Scrapie-infiziertes Fleisch gibt es vier Instanzen, die für den Verbraucher entscheidend sind: die EU, die englische Regierung, die bundesdeutsche Regierung und die deutschen Länderregierungen. Im Zusammenhang mit den spongiformen Enzephalopathien wurden – dem Sinn nach, nicht dem Wortlaut folgend – folgende Bestimmungen erlassen:

Gesetzliche Bestimmungen

Für lebende Rinder

Juli 1989: Ausfuhrverbot für britische Rinder, die vor dem 18. 7. 1989 geboren wurden.
Februar 1990: Ausfuhrverbot für britische Rinder, die älter als 6 Monate sind. Kälber unter 6 Monaten dürfen ausgeführt werden. Sie sollen im Importland vor Ablauf des 6. Lebensmonats geschlachtet werden. *Bis heute gültig.*
April 1991: EU-weite Meldepflicht für BSE.
Mai 1991: Anzeigepflicht für BSE in der BRD.
Juni 1994: Schlachtverbot für aus Großbritannien nach Deutschland importierte Rinder, die über 6 Monate alt sind. Regelmäßige Untersuchung und Beobachtung: Aufhebung beim Nachweis, daß kein Tiermehl verfüttert wurde und Herkunftsbestand BSE-frei ist.

Für Rindfleisch

November 1989: Importverbot von britischem Rindfleisch in Deutschland, Italien, Frankreich.

November 1989: Innerenglisches Verbot, bestimmte Rinderinnereien (Specified Bovine Offals/SBO: Gehirn, Rückenmark, Mandeln, Thymusdrüse, Milz, Därme) für den menschlichen Genuß zu verwenden (z. B. in Wurst). *SBO gehen in die Tierkörperverwertungsanstalten. Ausfuhr von SBO nicht verboten.*

April 1990: Importverbot für SBO nach Deutschland.

Juni 1990: Importverbot für britisches Rindfleisch vom November 1989 wird aufgehoben. Der Export von Rindfleisch in die EU-Länder wird neu geregelt: Knochenhaltiges Fleisch und Rinderhälften nur aus Herden, in denen seit 2 Jahren keine BSE aufgetreten ist. Entbeintes und von sichtbarem Nerven- und Lymphgewebe befreites Fleisch darf auch aus BSE-Betrieben exportiert werden.

Juli 1991: Exportverbot für SBO in EU-Länder. *SBO darf weiterhin in die übrige Welt exportiert werden.*

November 1991: Exportverbot für SBO in die übrige Welt.

August 1994: Knochenhaltiges Fleisch und Rinderhälften dürfen nur importiert werden, wenn es von Rindern stammt, die immer in Herden gehalten wurden, in denen in den vergangenen 6 Jahren, also seit dem 6. 8. 1988 kein BSE-Fall aufgetreten ist (Deutsche Dringlichkeitsverordnung). *Für andere EU-Länder gilt weiterhin die Regelung vom Juni 1990.*

Februar 1995: Knochenhaltiges Fleisch von allen nach dem 1. 1. 1992 geborenen Rindern darf aus England frei exportiert werden. *Gilt uneingeschränkt auch für BSE-Betriebe.* (Zur Umsetzung dieses EU-Rechts in Deutschland bis zum 4. 8. 1995 gültige, nicht der Zustimmung des Bundesrates bedürfende Dringlichkeitsverordnung.) Knochenhaltiges Fleisch von vor dem 1. 1. 1992 geborenen Rindern darf exportiert werden, wenn der Betrieb in den letzten 6 Jahren BSE-frei war. Fleisch von vor dem 1. 1. 1992 geborenen Rindern aus BSE-Betrieben darf nur entbeint und nach Entfernung der erkennbaren Nerven- und Lymphgewebe exportiert werden.

Für Tierkörpermehl

Juli 1988: Fütterungsverbot von Tierkörpermehl an Rinder in Großbritannien. *Uneingeschränkter Export des Scrapie- und BSE-haltigen Tierkörpermehls in die übrige Welt.*

Mai 1989: Importverbot für britisches Tierkörpermehl nach Deutschland.

November 1989: Britisches Tierkörpermehl wird um die zum menschlichen Genuß verbotenen SBO angereichert.
September 1990: SBO von Rindern über 6 Monaten wird in England gesondert verarbeitet. Fütterverbot ab jetzt für alle Tierarten in England. *Export des SBO-Mehls in die übrige Welt uneingeschränkt.*
November 1991: Verbot von SBO-Tiermehlen als Düngemittel in England. *Export uneingeschränkt, soweit nicht durch nationale Bestimmungen behindert.*
März 1994: Verbot der Verfütterung von Tierkörpermehlen an Rinder in Deutschland.

Für Milch

Dezember 1988: In England darf Milch von BSE-Verdachts-Kühen nicht mehr für menschliche und tierische Ernährung, mit Ausnahme des Kuhkalbes, verwendet werden. *Uneingeschränkte Verwendung der Milch aus BSE-Betrieben für Trinkmilch, Butter- und Käseherstellung.*

Für Rindergewebe zur Arzneimittelherstellung

April 1990: Ausfuhrverbot aus Großbritannien für alle Gewebe und Zellkulturen von Rindern zur Arzneimittelherstellung.
Frühjahr 1994: Richtlinien-Katalog für die Bundesrepublik mit empfehlendem Charakter zur Auswahl von Spendertieren für die Arzneimittelherstellung und zur »Abreicherung« des möglichen Erregergehalts. Verbot von Grundstoffen aus England sowie aus BSE-Herden anderer Länder.

Scrapie

Mai 1991: Anzeigepflichtige Tierseuche.

Creutzfeldt-Jakob-Krankheit (CJD), GSS

Keine Meldepflicht.

Sichtbares Nerven- und Lymphgewebe muß im Fleisch von Tieren, die aus BSE-Betrieben kommen, entfernt werden. Unter dieser Bedingung durfte entbeintes Fleisch ab Juni 1990 in die EU exportiert werden. Seit Februar 1995 gilt dieses allerdings nur noch für Tiere, die vor dem 1. 1. 1992 geboren wurden.

Lymphgewebe. Was man unter dem genannten Lymphgewebe zu verstehen hat, ist sehr ambivalent. Vor allem wird die Sichtbarkeit bestimmt durch die anatomischen Verhältnisse des genannten Gewebes, aber auch durch die Schärfe der Augen des Betrachters, durch die vorgegebene Geschwindigkeit des Fließbandes, auf dem die zu untersuchenden Organe transportiert werden, sowie durch die aufgebrachte Sorgfalt.

Entscheidender Faktor aber ist die Anatomie.

Das Lymphsystem ist ein Apparat, der im Körper Flüssigkeit zu transportieren hat, ganz analog dem Blutgefäßsystem. Alle eßbaren Teile eines Fleischtieres werden durch Lymphbahnen drainiert: Die in ihnen fließende Lymphflüssigkeit (Lymphe) hat die Aufgabe, den Körper von fremden Partikeln (z. B. Bakterien, Kohlenstaub, Asbestfasern) zu befreien.

Die kleinsten Lymphgefäße drainieren netzförmig ein bestimmtes Gebiet; man kann sie mit dem Auge nicht sehen. Aus vielen Netzen im ganzen Körper bilden sich abführende Lymphgefäße, die sich zu größeren Stämmen vereinigen und dann zumeist einen oder mehrere Lymphknoten durchfließen, bis sie in eines der drei großen Lymphsammelrohre münden, die schließlich die gefilterte Lymphe wieder in das Venensystem entlassen.

Die winzigste Form des Lymphgewebes sind mikroskopisch kleine Lymphozytenansammlungen ohne äußeren Zusammenhalt; sie kommen fast in allen Organen vor. Kleine knötchenförmige Verdickungen, die noch kaum sichtbar sind, bilden die nächste Organisationsstufe; sie treten in den Schleimhäuten von Atemorganen, Darm und Harntrakt auf. Grobsinnlich nachweisbar sind dann erst noch größere Organisationsstufen wie u. a. die Mandeln.

Eine große und sichtbare Einheit des lymphatischen Gewebes bilden die eigentlichen Lymphknoten, die durch eine Kapsel eingehüllt sind und

eine feste Form haben. Einige von ihnen werden bei der Fleischbeschau durch Fleischbeschauer oder Tierärzte untersucht. Sie sind jedoch teilweise derart in das Muskelgewebe (Fleisch) eingebettet, daß man sie als Untersucher nur durch intensives und zeitraubendes Suchen finden kann; viele von ihnen werden bei der gewöhnlichen Fleischbeschau gar nicht aufgeschnitten.
Die größte Einheit der Lymphorgane wird von der Milz dargestellt.

Lage. Die großen Lymphknoten, die grundsätzlich bei der Fleischbeschau zu untersuchen sind, bzw. einige andere, die zu untersuchen nicht Pflicht ist, liegen oberflächlich – so daß man sie mit der Hand am lebenden Tier fühlen kann –, oder tief und nicht ertastbar oder verborgen in den Körperhöhlen.
Zu den oberflächlichen Lymphknoten (-lkn.) gehören: Kehlgangslkn., Ohrspeicheldrüsenlkn., Buglkn., oberflächliche Halslkn. (3 verschiedene), Kniefaltenlkn., oberflächliche Leistenlkn. (Abb. 1).
Zu den tiefen Lymphknoten gehören: Schlundlkn., vordere Halslkn., mittlere Halslkn., hintere Halslkn., Achsellkn. (2 verschiedene), Ellbogenlkn., Zwischenrippenlkn., Brustbeinlkn. (4 verschiedene), Lendenlkn. (2 verschiedene), äußere und innere Darmbeinlkn., Beckenwandlkn., äußere und innere Kreuzbeinlkn., tiefe Leistenlkn., Kniekehllkn. (Abb. 2).
Die Lymphknoten der Körperhöhlen sind: obere Mittelfelllkn., vordere Mittelfelllkn., mittlere Mittelfelllkn., hintere Mittelfelllkn., Bronchiallkn. (4 verschiedene), Herzbeutellkn., dazu kommen noch neun Lymphknotengruppen der Bauchhöhle mit unzähligen Einzellymphknoten (Abb. 3, 4).

Die folgenden vier Abbildungen stammen aus: J. Dobberstein u. G. Hoffmann, Lehrbuch der vergleichenden Anatomie der Haustiere, Bd. III, Leipzig 1964.

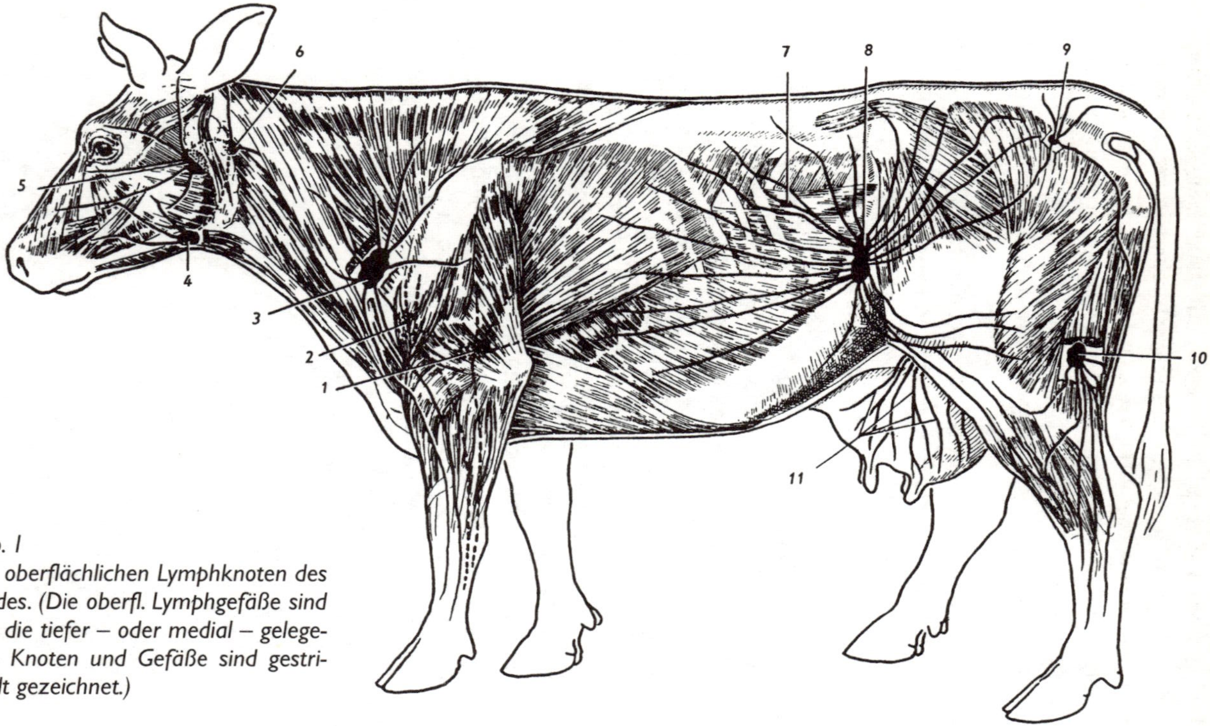

Abb. I
Die oberflächlichen Lymphknoten des Rindes. (Die oberfl. Lymphgefäße sind voll, die tiefer – oder medial – gelegenen Knoten und Gefäße sind gestrichelt gezeichnet.)

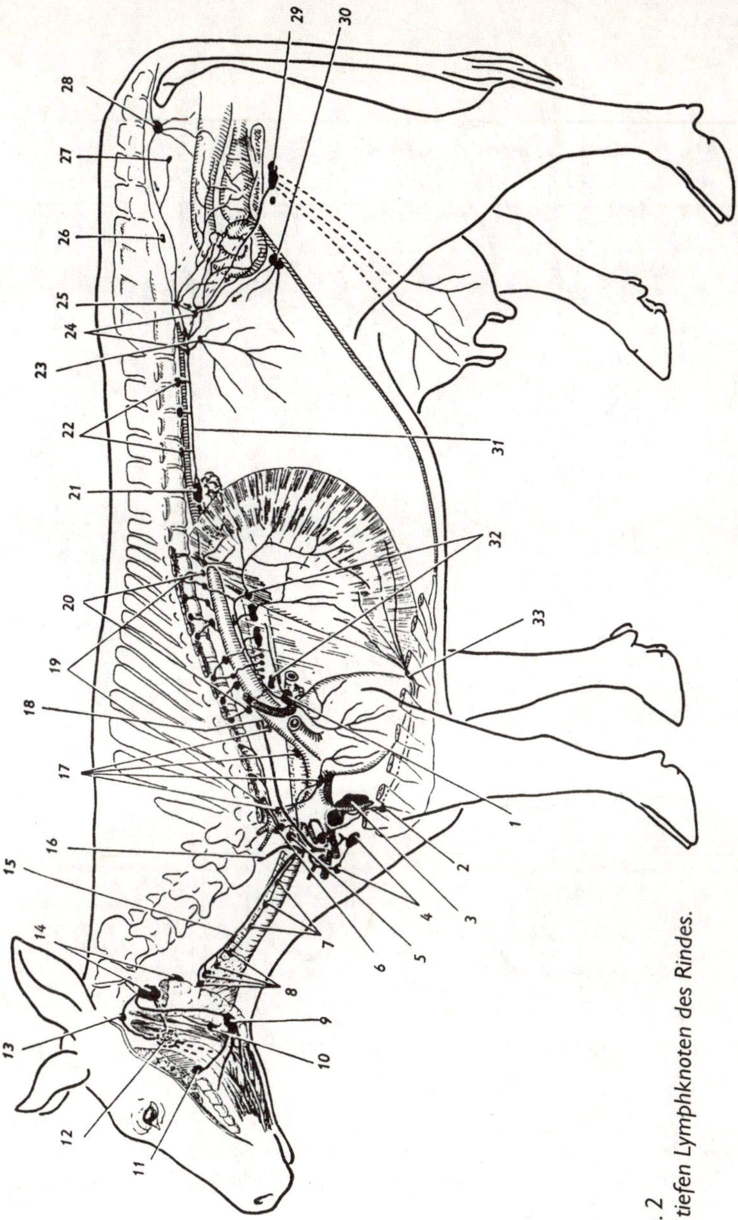

Abb. 2
Die tiefen Lymphknoten des Rindes.

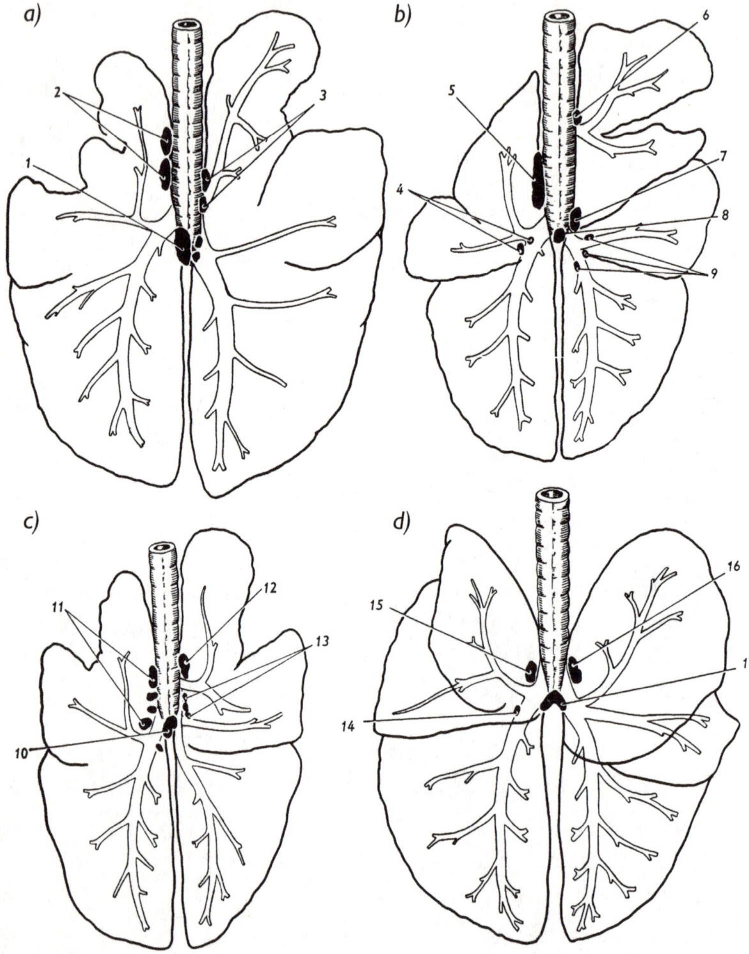

Abb. 3
Die Lungenlymphknoten der Haustiere. a) Pferd, b) Rind, c) Schwein, d) Hund (nach Ackerknecht-Müller)

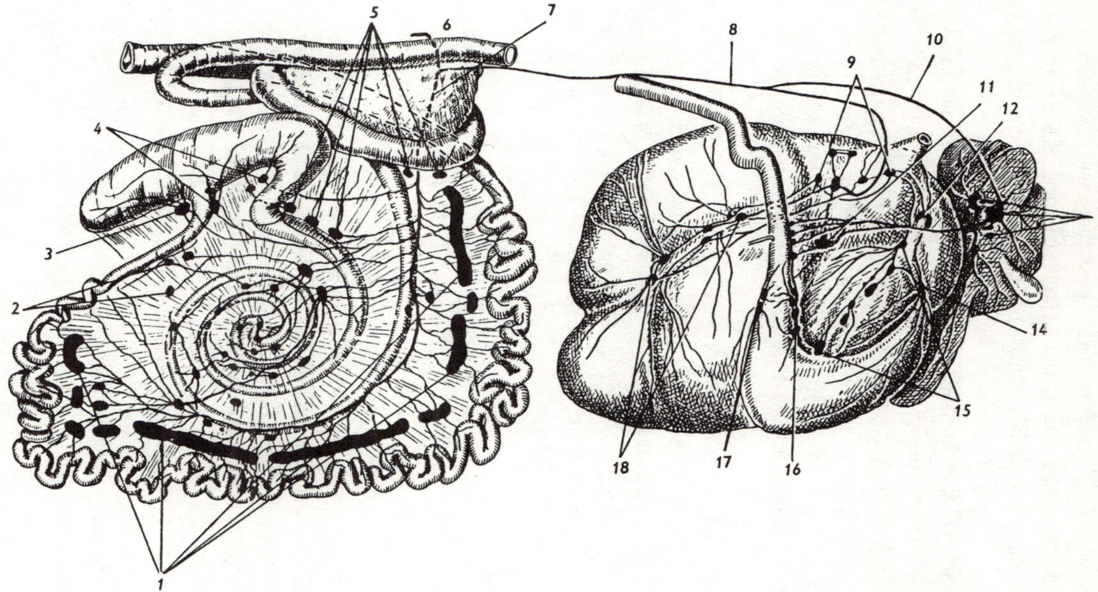

Abb. 4
Magen- und Darmlymphknoten und -lymphgefäße des Rindes (schemat.)

Untersuchung. Nicht alle der genannten Lymphknoten werden bei der Fleischbeschau routinemäßig untersucht, wie oben erwähnt. Das heißt, sie werden im Regelfall nicht gesucht und infolgedessen auch nicht herausgeschnitten, ganz abgesehen von den kleineren Einheiten, die überhaupt nicht sichtbar sind und deshalb nicht entfernt werden können.
Insgesamt bleibt ein beträchtlicher Teil des lymphatischen Gewebes als normaler Bestandteil des Schlachttierkörpers übrig, z. B. auch die Lymphe, die sich für uns als Saftigkeit des Fleisches bemerkbar macht. Selbst wenn durch Abhängen Trocknung und Reifung des Rindfleisches erreicht wird, kann ein viraler Krankheitserreger im unsichtbaren Lymphsystem in einem unbekannten Ausmaß überleben.

Nervengewebe. Mit dem Nervengewebe verhält es sich ganz ähnlich wie mit dem Lymphgewebe. Sichtbar sind nur die dicksten Nervenstränge, die aus gebündelten dünneren Nerven bestehen. Die Verästelungen der dünnsten Nerven erstrecken sich unsichtbar in alle Regionen des Muskelfleisches. Kein Schlachter kann sie sehen, und kein Schlachter kann sie entfernen.

Die Gefahr. Wenn sich also Erreger einer Krankheit wie der spongiformen Gehirnerkrankungen im Körper befinden, ist es Unsinn zu behaupten, man könnte sie durch Herausschneiden des sichtbaren Lymph- und Nervengewebes entfernen. Auch bei Tollwut käme man in der Fleischbeschau nie auf die Idee, das Fleisch für den Verzehr zu retten, indem das Nervengewebe (mit den Tollwutviren) herausgeschnitten wird. Obwohl dieses Virus beim Zubereiten in der Küche inaktiviert wird, werden tollwutkranke Tiere selbstverständlich als untauglich verworfen.
BSE-Erreger durch Herausschneiden von erkennbarem Nerven- und Lymphgewebe beseitigen zu wollen, entspräche ungefähr der Anweisung, das Bundesland Hessen autofrei zu machen, indem das Kasseler Kreuz, das Nordwestkreuz Frankfurt und das Autobahnkreuz Wiesbaden entfernt werden …
Deshalb ist jedes Fleischstück, das aus einem BSE-Betrieb stammt, potentiell höchst gefährlich. Wenn der Erreger enthalten ist, läßt er sich durch keine einzige schlachtereitechnische Maßnahme entfernen.

Konsequenzen, die gezogen werden müßten

In allen westlichen Ländern gibt es Gesundheitsbehörden und Veterinärbehörden, deren Aufgabe unter anderem ist, übertragbare Infektionen der Menschen und Tierseuchen zu bekämpfen. Tierseuchen fügen meistens der Landwirtschaft schweren wirtschaftlichen Schaden zu – abgesehen von den leidenden Tieren –, darüber hinaus können sie auch Leben und Gesundheit von Menschen bedrohen.

In Deutschland sind die Maßnahmen, die von Behörden und Fachleuten durchgeführt werden müssen, im Bundesseuchengesetz und im Tierseuchengesetz zusammengefaßt; im Gefahrenfall berechtigen sie den Minister auch zum Erlaß von bindenden Rechtsverordnungen, die in Kraft treten, ohne der Zustimmung des Bundesrates zu bedürfen.

Jedoch muß man sich darüber im klaren sein, daß solche Gesetze erst zum Tragen kommen können, wenn sie auf eine entsprechende Gefahr anwendbar sind: Im Fall der übertragbaren spongiformen Hirnerkrankungen müssen also diese Erkrankungsformen für jede Tierart einzeln erst im Dialog der Wissenschaftler zur Seuche erklärt und dann im Konsens zwischen ihnen und den Politikern in das Tierseuchengesetz einbezogen werden. Mit anderen Worten, solange unterschiedliche Meinungen unter den Wissenschaftlern der entsprechenden meinungsbildenden Gremien herrschen, kann eine Krankheit nicht zur Seuche im Sinne des Tierseuchengesetzes erklärt und auch nicht in gesetzlich vorgeschriebener Form bekämpft werden.

Die Meinung der Wissenschaftler ist vorher bekannt. Und die Minister können als Sachverständige in ihre Gremien berufen, wen sie wollen. Die Seuchenpolitik läßt sich daher in diejenige Richtung lenken, die der Minister einschlagen möchte. Auf Landesebene spielt sich ähnliches ab. Die Zielvorgabe der politischen Entscheidungsträger wird im Normalfall wohl bestimmt durch ein Netz persönlicher Abhängigkeiten innerhalb der Parteipolitik, durch persönliche Karriereplanung, vermutlich auch durch Freundschaften bis hin zur Jagdbekanntschaft oder ähnlichem.

So gesehen, hinkt die Bekämpfung eines Zustandes, den man, basierend auf Indizienbeweisen, mit dem gesunden Menschenverstand als gefährlich bezeichnen würde, sehr hinterher.

Selbstverständlich erkennen auch die Fachleute aller einschlägigen – interessengebundenen – Sparten die potentiellen Gefahren. Jedoch

kostet die Vorsorge gegen Gefahren Geld. Abgesehen von seltenen Ausnahmen, wird diese Vorsorge deshalb nicht freiwillig betrieben; häufig wird sogar eher Geld in Gegenbeweise als in Vorsorge gesteckt.
Es ist darüber hinaus aus anderen Risikobereichen bereits hinreichend bekannt, daß im Schadensfall immer willfährige Gutachter gefunden werden können, die die völlige Ungefährlichkeit von Giften/Strahlen/Arzneimitteln etc., wenn nicht sogar deren unverzichtbaren Nutzen für die menschliche Gesundheit, bescheinigen – wobei auch Gerichtsbarkeit und Politik mitspielen. Deshalb besteht für die dazu berufenen Fachleute und Politiker insgesamt keine besondere Notwendigkeit zur Vorsorge gegen die übertragbaren spongiformen Hirnerkrankungen.
Berücksichtigt man die berechtigte Erwartung der Menschen, von übergeordneter Stelle vor Gesundheitsgefahren geschützt zu werden, sieht die Sache anders aus. Geht man außerdem von der Annahme aus, daß ein Teil der Menschen, die den Erreger der spongiformen Hirnerkrankung mit der Nahrung oder auf anderem Wege aufnehmen, daran sterben werden, müßte man – ungeachtet der dadurch entstehenden Kosten und ohne Rücksicht darauf, wer finanziell geschädigt wird – eine Reihe von Maßnahmen in verschiedenen Erwerbs- bzw. Industriezweigen durchführen, um diese Gefahren abzuwenden.

In den befallenen Rinderherden

Durchseuchung. 77% der englischen Rinderherden haben einen oder mehrere BSE-Fälle gehabt; zwischen 1% und 10% des gesamten Rinderbestandes sollen infiziert sein. Allein im Jahr 1994 tauchten in 1300 bis dahin gesunden Herden neue BSE-Fälle auf – obwohl die Verfütterung des Scrapie/BSE-haltigen Kraftfutters an Rinder seit 1988 verboten ist und bereits für 1990 ein deutlicher Rückgang des BSE-Vorkommens vorhergesagt worden war.
Überdies tritt nach Presseberichten (1) zunehmend zutage, in welchem Ausmaß Herkunftsnachweise, Ohrmarken sowie Exportpapiere in England gefälscht werden. Die meisten für den Export bestimmten Schlachtrinder kommen ohne jede Bestätigung, daß sie von BSE-freien Herden stammen, auf dem Schlachthof an; die Zertifikate werden dann dort fiktiv ausgeschrieben.
Man muß deshalb leider von einer sehr hohen Dunkelziffer ausgehen.

Verbraucherschutz und Tierseuchenschutz. Sofern man dem Verbraucherschutz – auch im Verdachtsfall – den Vorrang einräumt und dabei vergleichbar verantwortungsvoll vorgeht, wie z. B. bei Scrapiekranken Schafen in Deutschland, müßten alle Herden gekeult (getötet und vernichtet) werden, in denen BSE vorgekommen ist.
Die Keulung wäre auch notwendig, wenn sich herausstellen sollte, daß der Mensch sich durch BSE nicht direkt infizieren kann, damit sich die BSE nicht als Endemie, als ständig gegenwärtige Seuche, in England einnistet. Die Hartnäckigkeit, mit der der Erreger erwiesenermaßen auf Weiden überlebt, sowie seine Fähigkeit, auf andere Tierarten überzugreifen, stellen eine explosive und in ihren Ausmaßen gar nicht abzuschätzende Gefahr für andere Tiere dar. Die Endemie in Verbindung mit dem Zeitfaktor könnte zu einem großen Risiko werden, letzten Endes – durch eine im Rahmen des Möglichen liegende Änderung der biologischen Eigenschaften – auch wieder für den Menschen.

Prinzipiell sind Keulungen ganzer Herden durchaus üblich: Die deutschen Schweinemäster wurden in jüngster Zeit mehrmals aufgrund von EU-Auflagen gezwungen, ihre Schweinebestände zu vernichten. Da unabhängig von der Zahl der tatsächlichen Krankheitsfälle jeweils ganze Bezirke betroffen sind, wurden allein 1994 etwa 878000 gesunde (also nicht infizierte) und etwa 122000 erkrankte Schweine getötet. Und dies, obwohl das Schweinepestvirus nachweislich für den Menschen ungefährlich ist und außerdem diese Seuche ohnehin in fast allen Ländern zu Hause ist. (Die Schweinepest kam erstmals 1862 via England nach Europa.)

Nach mitteleuropäischem Hygienestandard wäre es also selbstverständlich gewesen, die BSE-befallenen englischen Rinderherden bereits am Anfang der Epidemie zu keulen – um so mehr, als längst der Verdacht bestand, daß die menschliche Gesundheit durch die übertragbaren spongiformen Enzephalopathien gefährdet ist. Es ist bedauerlich, daß man diesen Weg in England bisher nicht gegangen ist und sich damit außerhalb mitteleuropäischer Norm stellt. Damals wäre die Keulung mit relativ geringem wirtschaftlichem Verlust möglich gewesen; seitdem erhöht sich der Schaden mit jedem Tag. Da die Engländer auch weiterhin keine Skrupel haben, potentiell infizierte Rinder und Schafe sowie infektiöses Futter auszuführen, wird der – zum mindesten – finanzielle Schaden in die ganze Welt exportiert.

Lebendimporte. Ab Juli 1989 galt ein EU-Verbot für England, lebende Rinder zu exportieren; ab Februar 1990 wurden Kälber unter 6 Monaten ausgenommen, jedoch sollten sie dann im Importland vor Ablauf des 6. Lebensmonats geschlachtet werden.
Bisher hat die Entdeckung des Erregers auch bei Kälbern, die jünger als 6 Monate sind, weder in den englischen Export- noch in den europäischen oder nationalen, deutschen Importbestimmungen seinen Niederschlag gefunden.
Es werden also regelmäßig Kälber nach Frankreich und Holland eingeführt; vom 10. November 1994 bis Ende März 1995 wurden täglich etwa 1000 Kälber von England auf den Kontinent geflogen bzw. verschifft. Ob sie dann wirklich vor dem 6. Lebensmonat geschlachtet wurden, steht dahin.
Nach Berichten der Presse können sich deutsche Händler ganz unproblematisch auf holländischen Viehmärkten auch englische trächtige Jungkühe – also älter als 6 Monate – beschaffen. Der Vorteil ist deren konkurrenzlos niedriger Preis, weil der Import in allen EU-Ländern illegal ist. Die Staatsanwaltschaften von Mecklenburg-Vorpommern, Niedersachsen und Schleswig-Holstein haben Ermittlungen aufgenommen, weil auf solchen Schleichwegen englische Rinder importiert worden sein sollen.
Sämtliche Regelungen können ohnehin umgangen werden, wenn britische Rinder über die grüne Grenze von Nordirland zur Republik Irland gelangen. Zollrechtlich werden dann aus britischen Rindern irische, die keiner Beschränkung unterliegen. Es sollen laut Presseberichten im Durchschnitt monatlich etwa 4000 britische Rinder nach Irland gebracht werden, die dann als irische Rinder in Holland ankommen.

Zum Schutz des Verbrauchers vor einer in den Ausmaßen nicht zu berechnenden möglicherweise tödlichen Gefahr wäre die einzig sichere Maßnahme die Tötung aller BSE-befallenen englischen Rinderherden, die Vernichtung des Samens englischer Zuchtbullen sowie die Tötung aller ins Ausland exportierten, aus BSE-Beständen stammenden englischen Rinder. Angesichts drohenden Übergreifens der Seuche auf die Rinderbestände anderer Länder sowie der Verseuchung anderer, auch wilder Tierarten wird dies auch heute noch weniger aufwendig sein als in einigen Jahren. Es ist fahrlässig, etwa auf die Entwicklung einer anerkannten Nachweismethode am lebenden Tier zu warten.

Schlachtvieh. *Auf dem Schlachthof drängen sich blökende Jungrinder, eins hinter dem anderen. Eine kurze Inspektion durch den Tierarzt, dann geht es weiter bis an die Box, in der sie mit dem Bolzenschußapparat erschossen werden und umfallen. Der nächste Mann in der Reihe der Schlachthofangestellten zieht das tote, noch zappelnde Rind hervor, steckt eine breite Sonde, den Rückenmarkszerstörer, durch das Schußloch in den Rückenmarkskanal und stochert darin herum. Der starke Reiz an den Nerven veranlaßt die Füße zum Treten und Zappeln, aber danach tritt endgültige Ruhe ein. Unwillkürliche, für die Mitarbeiter am Schlachtband gefährliche Bewegungen sind jetzt nicht mehr zu erwarten. Ein Fuß wird angeschlungen, das Schlachttier geliftet – es tritt seinen Weg des Hälftelns, Enthäutens, Ausweidens, der fleischbeschaulichen Inspektion bis zur Zerlegung in verbraucherfreundliche Portionen an.*

In England gibt es keine Untersuchung des lebenden Tieres vor der Schlachtung. Deswegen geht ein BSE-infiziertes Rind, das erst einmal auf dem Schlachthof angelangt ist, unentdeckt in den normalen Schlachtprozeß.
Aber selbst in Deutschland, wo die Lebendbeschau auf dem Schlachthof vorgeschrieben ist, ist die Chance (des Verbrauchers) bzw. die Gefahr (für die Schlachthofbetreiber) relativ gering, daß der Verdacht auf BSE geäußert wird. Wenn das Rind sich vom Transportwagen bis vor das Schlachtband auffällig betrüge oder auffallende äußere Schäden hätte, z. B. vom wiederholten Hinfallen, gäbe es etliche Argumente, um verdachtschöpfende Fachleute oder Beteiligte zu beruhigen: Blindheit, Brünstigkeit, örtliche Verletzung, Transportschaden usw.
Alle solche oder ähnliche Diagnosen haben – sofern sie zutreffen – keine Auswirkungen auf die Fleischqualität, weshalb es keinen Grund gibt, diese Rinder aus dem normalen Schlachtvorgang auszusondern oder sie besonders sorgfältig zu überprüfen.

Schlachtung oder Tötung. Beim normalen Schlachtprozeß wird mit einem Bolzenschußapparat der Schädelknochen durchschossen. Die Folge sind Zerrüttung und kleinere Blutungen in der Gehirnsubstanz in Schußnähe. Mit dem Rückenmarkszerstörer wird anschließend das Gehirn vom Großhirnbereich über das Kleinhirn und das verlängerte

Rückenmark bis zur Rückenmarkssubstanz im Rückenmarkskanal durchstoßen, d. h. gequetscht und teilweise zerstört.
Bei 99,6% der BSE-Fälle in England sind die Rindergehirne im Bereich des verlängerten Rückenmarks durch vakuoläre Einlagerungen charakteristisch verändert. Vakuolen im verlängerten Rückenmark bilden daher die Basis der offiziellen englischen BSE-Diagnostik (Order 1988).
Genau dieser Bereich aber wird bei der Schlachtprozedur zerstört. Ein Rind, das ordnungsgemäß geschlachtet wurde, ist deshalb nicht uneingeschränkt für die BSE-Diagnostik tauglich. Unter Umständen kann der Pathologe allein mit dem Lichtmikroskop den klinischen Verdacht nicht entkräften.

Fleisch. Erst einmal zerlegt, gibt es im Fleisch keinen einzigen Hinweis auf eine vorliegende BSE-Erkrankung. *Denn BSE ist in den Muskeln und in den Lymphknoten nicht sichtbar.* BSE kann man nur nachweisen durch
a) lichtmikroskopische, bei Zweifel auch elektronenmikroskopische Untersuchung des Gehirns,
b) durch immunochemische Methoden, mit denen allerdings nur das Prion-Eiweiß, nicht der Erreger, soweit er sich darin verbirgt, nachgewiesen werden kann,
c) durch experimentelle Infektion von Versuchstieren mit Gehirnmaterial des Rindes. Der Nachweis kann bis zu 2 Jahren dauern.

Ohne konkreten Verdacht und den erklärten Willen, dem Verdacht mit allen Mitteln nachzugehen, ist eine Diagnose deshalb völlig ausgeschlossen. Eine zufällige Entdeckung von BSE innerhalb der Fleischbeschau gibt es nicht.
Wegen der Unmöglichkeit, auf dem Schlachthof beim geschlachteten Tier BSE oder Scrapie festzustellen, ist es unverantwortlich, daß ausgerechnet in England keine Lebenduntersuchung stattfindet. Bedauerlicherweise wurden zudem verschiedene Regelungen zum Schutz der EU-Verbraucher nach und nach aufgeweicht.
Vom totalen Importverbot für englisches Rindfleisch, das 1989 unter anderen Deutschland, Italien und Frankreich erließen, blieb am Ende wenig übrig. Leider muß man dazu noch feststellen, daß das englische Landwirtschaftsministerium die Zugeständnisse der EU nicht im geringsten honorierte; insbesondere fällt auf, daß die Engländer durchaus zwischen der Gefährdung der eigenen Bevölkerung und der anderer Län-

der unterscheiden. Ausfuhrverbote wurden grundsätzlich wesentlich später erlassen als Verwendungsverbote im eigenen Land.
So wurde die Ausfuhr von gefährlichen Innereien (SBO, Specified Bovine Offals) der Rinder über 6 Monate in den EU-Bereich erst 1 3/4 Jahr später, in die übrige Welt gar erst 2 Jahre später verboten als die Verwendung in England.
Da Deutschland ein eigenes Einfuhrverbot von SBO im April 1990 erließ, flottierten diese Organe zweifellos noch fast ein halbes Jahr in die deutsche Nahrungsmittel- und Pharmaindustrie hinein, nachdem deren Gefährlichkeit längst Eingang in die englischen Gesetze gefunden hatte. Es handelte sich bei den Innereien um Gehirn, Rückenmark, Tonsillen (Mandeln = Lymphknoten), Thymusdrüse, Milz und Därme. Einigkeit besteht, daß der Erreger in diesen Organen konzentriert vorhanden ist, sofern das Rind infiziert ist. Da sich das Gesetz unterschiedslos auf die genannten Rinderorgane aller Herden erstreckte, muß man in England sehr wohl gewußt haben, daß eine Unterscheidung zwischen gesunden und infizierten Herden gar nicht möglich ist.
Seitdem 1994 von Wissenschaftlern festgestellt wurde, daß auch Kälber unter 6 Monaten BSE haben können, soll die Verwendung der SBO-Organe dieser Jungtiere ebenfalls verboten werden.
Die nationalen Importverbote von britischem Rindfleisch nach Deutschland, Frankreich und Italien wurden mit dem Inkrafttreten einer neuen EU-Regelung vom Juni 1990 aufgehoben. Der besonders zweifelhafte Kompromiß, der für vor dem 1. 1. 1992 geborene Rinder weiterhin gilt, sah vor, daß entbeintes Fleisch auch aus BSE-Beständen nach Deutschland importiert werden durfte, sofern das sichtbare Nerven- und Lymphgewebe entfernt worden ist.
Gerade in diesem Punkt wird den Verbrauchern in übelster Weise Sand in die Augen gestreut, weil damit suggeriert wird, möglicherweise belastetes Fleisch könne mit dieser Methode auf jeden Fall sicher gemacht werden. Das trifft jedoch nicht zu.
Nerven- und Lymphgewebe befinden sich selbstverständlich auf jeder Nadelspitze Muskelfleisch des Körpers. Sofern das Rind bereits infiziert sein sollte, handelt es sich also nicht darum, BSE-haltige Gewebe zu entfernen, sondern sie nur mengenmäßig zu reduzieren. Die Insider sprechen bei diesem Vorgang (zynisch?) vom »Abreichern«.
Ob dieses Verfahren überhaupt zu einer Reduktion führt, weiß man nicht. Denn Krankheitserreger können grundsätzlich während des Todeskampfes aus den Lymphknoten und Lymphbahnen in die Muskeln,

also in das Fleisch, eingeschwemmt werden. Aus diesem Grund sind gerade die entbeinten Stücke aus BSE-Betrieben besonders zweifelhaft. Die von der EU an die englische Fleischindustrie 1990 gemachten Zugeständnisse blieben auch bestehen, als sich erwies, daß die Zahl der BSE-Erkrankungen nach 1990 weiterhin steil anstieg, statt abzufallen, und besonders 1993 Spitzenwerte erreichte.

Scrapie-Schafe. Leicht gerät in Vergessenheit, daß diese ganzen Bestimmungen lediglich für Rinder gelten; die britischen Scrapie-infizierten Schafe bleiben von Beschränkungen in Export oder Verzehr unberührt. So ist nicht einzusehen, daß die höchst gefährlichen Schafshirne weiterhin in englischen Wurstwaren verarbeitet werden dürfen – und dann ihren Weg in den Export antreten.

Wildbret. In ungleich geringerem Ausmaß als englische Rinder sind die Wildbretimporte aus Kanada und den USA für uns von Bedeutung. Jedoch ist ein Import von spongiformen Hirnerkrankungen im Prinzip auch über Wildfleisch möglich.

Handel. Bei allen Zugeständnissen bzw. Einschränkungen an die Briten und den heißen Diskussionen darüber sollte man sich über die unübersichtlich dichte Verflechtung der Handelsbeziehungen der gesamten Welt keine Illusionen machen. Alleingänge Deutschlands in bezug auf Importverbote sind nicht nur innerhalb der EU rechtlich kaum durchsetzbar, sie würden auch kaum zu einer geringeren realen Einfuhrquote führen.
Englische Rinderhälften, beispielsweise in Paris zerlegt, überqueren die Grenze nach Deutschland ganz legal als französisches Fleisch. Überhaupt bezieht Deutschland Rindfleisch hauptsächlich aus den Niederlanden und Frankreich – den beiden Ländern, die weltweit die mit Abstand größten Kontingente an lebenden Rindern aus England importieren, Frankreich dazu die höchsten Tonnagen an englischem Rindfleisch und Innereien. Dazu kommen jährlich mehr als 1000 Tonnen offiziell nach Deutschland importiertes britisches Rindfleisch; allerdings sind die Importmengen 1994 auf etwa 300 Tonnen abgesunken. Selbst wenn der Verkehr innerhalb der EU eingeschränkt würde, ließen sich praktikable Wege unter Umgehung der EU bahnen. Fleischindustrie, -importeure, -exporteure und -transporteure haben sich bisher immer unbürokratisch schnell auf Veränderungen innerhalb der Fleischpolitik umgestellt.

Unter der Voraussetzung, daß Verbraucherschutz für die Menschheit wichtiger ist als die Fleischwirtschaftserträge einer einzelnen Nation, sollten alle englischen Fleischvorräte, wo auch immer sie lagern, vernichtet werden.

In der englischen Futtermittelindustrie

Einigkeit besteht heute darin, daß die Lawine der Rinder-BSE durch die Beimengung von Scrapie-haltigem Fleischabfall zum Rinderkraftfutter ausgelöst wurde. Erste Fälle von BSE 1985 steigerten sich 1986 zur Epidemie.

Auch nach Erkennen der Ursache für die Epidemie lief die Herstellung der Tiermehle in den englischen Tierkörperbeseitigungsanstalten unverändert weiter: Das Futter enthielt vollständige Schafskadaver, auch Scrapie-Tiere sowie die BSE-Rinderkadaver.

Die unzureichenden technischen Bedingungen wurden beibehalten, so daß der Scrapie-Erreger weiterhin die Tiermehlfabriken in infektionstüchtigem Zustand verließ, dazu seit 1986 in steigenden Mengen auch der BSE-Erreger.

Im Juli 1988 wurde in England ein Fütterungsverbot von Tiermehlen an Wiederkäuer erlassen. Das Kraftfutter durfte weiterhin verkauft und an die Nicht-Wiederkäuer verfüttert werden, also an Geflügel, Schweine, Kaninchen und Fische.

Darüber hinaus wurde es weltweit ohne jede Einschränkung exportiert, in mit Abstand besonders großen Mengen nach Indonesien, aber auch nach Israel, Thailand, Italien, Sri Lanka, in deutlich geringeren Mengen nach Indien, Irland, Island, Jordanien, Zypern und weitere Länder. 1993 importierten noch 27 Staaten britisches Fleisch- und Knochenmehl. Keine nennenswerten Mengen gingen in die Schweiz, dennoch infizierten sich die meisten der (bis Frühjahr 1995) 139 BSE-kranken Schweizer Kühe durch das Futter.

Auch Deutschland importierte jährlich etwa 300 bis 600 Tonnen des infektiösen britischen Tierkörpermehls, erließ jedoch im Mai 1989 ein Importverbot, also 10 Monate nach dem englischen Fütterungsverbot.

Nach dem November 1989 wurden dem infektiösen Futterbrei auch noch die SBO-Organe aller über 6 Monate alten Rinder hinzugefügt, die im übrigen als Fleisch zur menschlichen Ernährung verkauft wurden.

Wie viele Organe infektiös waren, entzieht sich unserer Kenntnis völlig. Jedoch muß man vermuten, daß es parallel zur ansteigenden Flut offensichtlich BSE-kranker Rinder auch eine Welle infizierter, aber verheimlichter, sowie eine Woge unerkannt infizierter Rinder gegeben hat.
Im April 1990 erließ Deutschland ein Importverbot für Rindergehirne und SBO aus England.
Erst ab September 1990 wurden die SBO-Organe getrennt von den übrigen Fleischabfällen verarbeitet; das daraus hergestellte Tiermehl durfte generell nicht mehr an englische Tiere verfüttert, jedoch weiterhin exportiert werden – zu welchem Zweck auch immer. Den Export von SBO in die EU-Länder verbot England im Juli 1991, den weltweiten Export erst im November 1991. Ab diesem Zeitpunkt durfte das SBO-Mehl auch nicht mehr als Düngemittel im Lande verwendet werden.

Fleischmehle in aller Welt. Auch für Fleisch- und Knochenmehle gilt, wie für lebende Rinder und Fleisch, daß die Ex- und Importwege innerhalb und außerhalb der EU nicht ausreichend kontrolliert werden können. Es gibt also keinen Überblick darüber, wo englisches Futter herumvagabundiert, möglicherweise auch zu Dumping-Preisen auf dem Weltmarkt landet. Die Rinder in der Schweiz infizierten sich z. B. mit (britischem) Futter aus Italien und Frankreich.
Die Verfütterung von Tierkörpermehlen an verschiedene Tierarten ist in Deutschland weiterhin möglich; die Bundesrepublik hat sie an Rinder erst im März 1994 verboten. Bis dahin stammten nach Hamburger Untersuchungen 3 bis 8% jedes Sackes mit Kraftfutter aus Abdeckereien. Ein Fütterungsverbot wurde mehrere Jahre hinhaltend umgangen mit der Begründung, daß die Tierkörpermehlfütterung an Rinder in Deutschland nicht üblich sei.
Schweine, Geflügel und Fische essen weiterhin weltweit englisches Tierkörpermehl. Da diese Tiere generell geschlachtet werden, bevor sie das kritische Alter erreicht haben, werden sie uns klinisch nie auffallen. Daß bei langlebigen Vögeln, wie den an anderer Stelle beschriebenen an spongiformer Enzephalopathie erkrankten Straußen zweier deutscher zoologischer Gärten die Erkrankung diagnostiziert wurde, ist wohl eher dem Zufall zuzuschreiben, beweist aber hinreichend die vom Geflügelfutter möglicherweise ausgehende Gefahr – auch in Deutschland.
Schweine, die unter natürlichen Bedingungen langlebige Tiere sind, haben weder als Mastschwein noch als Zuchtsau die Gelegenheit, die

Krankheit »auszubrüten«. Wir wissen jedoch, daß man Schweine experimentell infizieren kann. Theoretisch ist es deshalb bei diesen »als Fleischtier genutzten«, in jugendlichem Alter getöteten Tieren möglich, daß sie den Erreger in sich tragen. Darüber wissen wir aber nichts.
Bestrebungen des Europäischen Parlaments, die in Deutschland üblichen Sterilisationsbedingungen (die in der EU als ausreichend erachtet werden, den BSE-Erreger abzutöten) für Tierkörpermehle auch in die anderen EU-Staaten zu übernehmen, scheiterten. Die anderen Länder haben also unter Umständen weniger effektive Verfahren.
In Deutschland werden alle Tierkadaver in den Tierkörperbeseitigungsanstalten mit 133 °C unter hohem Druck (3 atü) zu Tierkörpermehl verarbeitet. Diese Bedingungen gelten als ausreichend, um möglicherweise vorhandene Scrapie- und BSE-Erreger abzutöten, sie wurden andererseits daraufhin noch nicht gezielt überprüft. Es gibt Fachleute, die befürchten, daß auch unter diesen Bedingungen Krankheitskeime überleben könnten.

Kadaver. Aus Kapazitätsgründen konnten nicht alle englischen BSE-Kadaver in den Tierkörperbeseitigungsanstalten verarbeitet werden. Kadaver wurden deshalb auch unter freiem Himmel verbrannt oder vergraben. Welche Langzeitwirkungen die vergrabenen Tiere haben könnten, wissen wir nicht, auch nicht, ob möglicherweise Kadaver von wilden Tieren ausgebuddelt und verzehrt wurden.

Das Kraftfutter englischer Herkunft müßte weltweit vernichtet werden, insbesondere auch die möglicherweise noch lagernden Vorräte.

In der Pharmaindustrie

Angesichts der Aids-Katastrophe bei Blutern und anderen Patienten, die verseuchtes Blut oder Blutprodukte erhielten, haben gesetzliche Maßnahmen im Hinblick auf die BSE-Gefahr durch pharmazeutische Produkte ziemlich lange auf sich warten lassen.
Im April 1990 wurde durch eine EU-Regelung der Import jeglicher Gewebe von Rindern aus Großbritannien zur Arzneimittelherstellung verboten.

Im August desselben Jahres leiteten das Bundesgesundheitsamt und das Paul-Ehrlich-Institut Maßnahmen ein, die im Juli 1991 in die Bekanntgabe konkret erforderlicher Maßnahmen zur Abwehr des Risikos mündeten. Erlassen wurden die Vorschriften im Frühjahr 1994.
Dabei ging es dann um die Auswahl von Spendertieren und um die »Abreicherung« des Erregergehalts. In der Regel hält nämlich das organische Material die zur Inaktivierung des Erregers nötigen Temperatur- und Druckbedingungen nicht aus. Da man andererseits auch nicht überprüfen kann, ob er in einem Arzneimittel enthalten ist, kann man letzten Endes nur das Risiko berechnen, mit dem es behaftet sein könnte.
Im Verlaufe des Jahres 1994 begann die Wertung dieses Risikos mit Hilfe eines Punktesystems, jedoch hat der Richtlinien-Katalog vorläufig nur einen empfehlenden Charakter. Derzeit gilt er nur für Organpräparate und Einzelstoffe aus Rind, Schaf oder Ziege.
Erlaubt ist jetzt nicht mehr die Verwendung von Rindern aus Großbritannien und aus Herden in anderen Ländern, in denen irgendwann BSE aufgetreten ist. Darüber hinaus ist der Hersteller verpflichtet, Verfahren zur Abtötung eventuell vorhandener Erreger anzuwenden, wobei er nachweisen muß, daß diese effektiv sind. Beim derzeit unsicheren Wissen dienen solche Vorschriften hauptsächlich der Beruhigung des Gewissens und um zu dokumentieren, daß man sich der Gefahren bewußt ist.
Besonders gefährlich sind Präparate aus Organen wie Milz, Hirnextrakten, Föten und Thymusdrüse, die gegen Müdigkeit, Potenzstörungen, Klimakteriumsbeschwerden, Leistungsabfall u. ä. helfen sollen. Abgesehen von ihrem zweifelhaften Nutzen gegen diese Beschwerden, könnten sie dem Anwender eine Creutzfeldt-Jakob-Erkrankung eintragen. Jedoch kann man die gefährlichen Zubereitungen umgehen, indem man den Arzt oder Apotheker bittet, die Zusammensetzung in der Roten Liste zu überprüfen. Die Frischzellentherapie mit Zellmaterial von Bergschafen sollte man auf jeden Fall meiden.
Bei Sera und Immunglobulinen haben weder Arzt noch Patient eine Kontrollmöglichkeit. Die durch Scrapie-haltige Impfstoffe von indischen Schafen CJD-infizierten Inder beweisen hinreichend, wie groß die Gefahr ist. Hier kann nur eine globale Überwachung der Impfstoff-Firmen sowie die schonungslose Ausmerzung der zur Arzneimittelproduktion verwendeten infizierten Herden greifen. Da Pharmafirmen international arbeitende Konzerne mit einem feingesponne-

nen Netz von Verbindungen sind, können nationale Nester mit zweifelhaften Produktionsmethoden nicht geduldet werden. Man muß annehmen, daß Billigprodukte ihren Weg in andere Länder finden würden.
Außerdem zeigt die intensive Suche nach 9000 japanischen Empfängern einer CJD-verunreinigten Blutcharge, daß dringend allgemein anerkannte diagnostische Methoden entwickelt werden müssen, mit deren Hilfe die Erreger überhaupt erst aufgespürt werden können.
Dasselbe gilt für Transplantate. Immer mehr Fälle tauchen auf, bei denen die Infektkette erst sichtbar geworden ist, seitdem man weiß, daß CJD auf diesem Weg übertragen werden kann. Gar nicht einmal bekannt ist dabei die Infektiosität. Müssen wir davon ausgehen, daß alle/manche/wenige infiziert werden, wenn ein Transplantat den Erreger enthält? Derzeit müßten wir die Forderung erheben, daß das Gehirn jedes Spenders vor jeglicher Verpflanzung von Organen histologisch überprüft wird.
Für Implantate im weitesten Sinn, wie Nahtmaterial, gilt das gleiche. Catgut als resorbierbares, das heißt mit der Heilung sich auflösendes Nahtmaterial, wird bei Menschen und Tieren für Nähte unterhalb der Hautdecke verwendet. Es kann wegen seiner Lage nicht gezogen werden, was auch nicht nötig ist, denn es wird von den Zellen abgebaut. Wer wagt zu beschwören, daß Infektionsketten vom Rind zum Menschen nicht auch diesen Weg nehmen können?
Problematisch und schwierig zu überblicken sind die vielen unscheinbaren Zutaten, bei denen man gewöhnlich gar nicht an Produkte aus dem Rind oder dem Schaf denkt: Medikamenten-Kapseln aus Gelatine, Trinkgelatine zur Stärkung von Haut und Knochen, Kollagen in Cremes und Salben, Wollwachs als Basis vieler Salben. Kälberserum wird als Nährmedium für Zellkulturen benötigt, die eine Vielzahl von Arzneimitteln produzieren. Nirgendwo ist die Anwesenheit der Erreger spongiformer Hirnerkrankungen auszuschließen, solange sich diese uneingeschränkt in den Rinderpopulationen der Welt ausbreiten dürfen.

Bis in England nachweislich die Erreger von BSE und Scrapie vernichtet sind, müßten die englischen Pharmafirmen auf Grundstoffe von englischen Wiederkäuern verzichten. Ihre Produktionen müßten schärfstens von internationaler Seite überwacht und gegebenenfalls von Patienten und Ärzten boykottiert werden.

In der Kosmetikindustrie

Es gibt Richtlinien des Bundesgesundheitsamtes für die Sicherheit von kosmetischen Mitteln dahingehend, daß die Hersteller keine Rohstoffe von englischen Tieren verwenden und überdies das Ausgangsmaterial 20 Minuten auf 133 °C erhitzen sollen.
Bisher gibt es jedoch nur wenige Hersteller, die ihre Ausgangsmaterialien aus kontrollierten Tierbeständen beziehen. Die Ungewißheit über die Herkunft der tierischen Bestandteile ist deshalb groß.
Die Kosmetikindustrie verwendet Rindertalg aus Schlachtabfällen als Salbengrundlage, Collagen und Elastin aus Sehnen, Häuten und Knochen sowie Wollfett vom Schaf in Lippenstiften, Seifen, Dusch- und Schaumbädern.
Gewöhnlich kommen diese Kosmetika mit der gesunden Haut in Berührung. Es ist nicht anzunehmen, daß der Erreger – sofern er enthalten ist – da hindurchschlüpfen kann. Auf der anderen Seite könnte die Haut auch Risse enthalten, ferner sind die Augen-, Nasen- und Mundschleimhäute Seifen u. ä. gegenüber nicht vollständig zu schützen. Gerade diese aber waren bei den Fore die Entrittsorte für den Erreger. Außerdem landen durchaus beträchtliche Teile eines Lippenstiftes im Magen. Ein Restrisiko bleibt also.

Für englische Kosmetikfirmen müßten dieselben strengen Vorschriften wie für die Arzneimittelfirmen gelten.

In der Lebensmittelbranche

Milch. Die Trinkmilch ist das Lebensmittel, das aufgrund seines hohen Verbrauches – besonders bei Kindern – am sorgfältigsten auf eventuelle Verunreinigung mit dem Erreger BSE überprüft werden muß.
Wäre eine Verunreinigung mit BSE überhaupt möglich?
Wir wissen es bis heute nicht genau. Bei allen Untersuchungen BSE-kranker Rinder wurde bisher – im Gegensatz zu den bekannten erregerhaltigen Organen – nicht festgestellt, daß Milch infektiös ist. Es ist aber nicht auszuschließen, daß der Nachweis nur eine Frage der Technik ist.

Derzeit läuft eine englische Studie an 630 Tieren, deren Ziel die Suche nach noch unbekannten Übertragungswegen ist, also auch durch Milch. Sie wird erst 1997 abgeschlossen sein. Unter Berücksichtigung der bisherigen Kenntnisse dauert ohnehin die Zeitspanne zwischen Infektion und Ausbruch der Hirnerkrankung durch Nahrung länger als bei der Infektion über die Blutbahn. Erste Anzeichen einer BSE des milchernährten Kalbes würden frühestens nach 2 Jahren auftreten – vielleicht aber auch erst nach 10 bis 12 Jahren.

Wir müssen uns deshalb zur Zeit noch auf Indizienbeweise und Analogieschlüsse verlassen. Die vereinzelten, immer noch vorkommenden Fälle von Kuru bei den Fore können uns dabei nicht helfen. Diese Menschen wurden ohne Zweifel in ihrer Jugend infiziert, dieses kann sowohl vor oder während der Geburt als auch durch die Muttermilch oder durch das Trauerritual geschehen sein. Ein schwerwiegendes Indiz ist allerdings der zweifelsfreie Nachweis von Erregern in der Kolostralmilch (der allerersten Milch) bei einer akut CJD-kranken jungen Frau, die durch Kaiserschnitt entbunden wurde. Damit ist der Beweis erbracht, daß der Erreger – in welchen Mengen auch immer – Zugang zu den Milchdrüsen hat, zumindest beim Menschen.

Allerdings ist dieses so auch zu erwarten, denn die Milchproduktion steht aus anatomisch-physiologischen Gründen mit dem Blut- und Lymphsystem des Körpers in einem engen Zusammenhang. Und daß der Erreger in den Lymphknoten konzentriert vorhanden ist, ist wissenschaftlich abgesichert.

Aus diesem Grund steht der Scrapie-Erreger schon lange im Verdacht, das Lamm über die Muttermilch zu infizieren. Genau wissen wir allerdings bisher nur, daß die Wahrscheinlichkeit zu erkranken sich beim Lamm erhöht, je längere Zeit es beim Scrapie-infizierten Muttertier verbringt.

Alles in allem müssen wir deshalb annehmen, daß der Erreger in der Milch vorkommt – vielleicht nur in geringen Mengen. Aber wer will das Risiko auf sich nehmen? Und müßte man nicht vor allem die Kinder vor der Gefahr schützen?

Denn eines wissen wir genau: Wenn der Erreger vorhanden ist, kann er auch in der ultrahocherhitzten Milch infektionstüchtig bleiben. Die zur Haltbarmachung der Milch angewandten Verfahren reichen nach heutigem Wissen nicht aus, um den BSE-Erreger völlig unschädlich zu machen.

Milchprodukte. Dasselbe gilt für Milchprodukte wie Yoghurt, Buttermilch, Käse, Butter – für die Herstellung werden zumeist spezielle Bakterien verwendet, die temperaturempfindlich sind und keine der geradezu brutalen Abtötungsprozeduren aushalten, die für den BSE-Erreger notwendig sind.
Niemand ist in Deutschland auf englische Milchprodukte angewiesen. Bis die Gefährdung durch Milch und Milchprodukte wissenschaftlich geklärt ist, sollte man deshalb auf englische und irische Milch, Trinkmilchprodukte, Butter und Käse verzichten, außerdem auf holländischen Käse, weil auch er englische Milch enthalten könnte.

Die Konsequenzen für die englische Industrie wären, zugegeben, hart, wenn Herden, Fleisch und Futter vernichtet würden. Doch die Tatsache, daß England am Anfang der Epidemie aus offensichtlich wirtschaftlichen Gründen nicht sofort geeignete tierseuchenhygienische Maßnahmen ergriff, gibt keinen Anlaß, jetzt darauf zu verzichten. Die weltweiten, unermeßlichen Folgeschäden vergrößern sich täglich. Das geringe Verantwortungsbewußtsein der Engländer löst Entsetzen aus.

Horrorvisionen für die EU-Wirtschaft

Halbherzige Maßnahmen auf der einen Seite – auf der anderen Seite der Handel mit Rindfleisch als Milliardengeschäft. Das eine zur Beruhigung der aufmerksam gewordenen Bevölkerung – das andere soll am liebsten nicht gestört werden.
Ganz gerne würden Bauernverbände und deutsche Landwirtschaftsminister das Problem spalten: gesundes deutsches Rindfleisch hie – gefährliches englisches Rindfleisch da. Im Prinzip wäre diese Situation durchaus geeignet, die ausländische Konkurrenz aus dem Markt zu werfen – aber der deutsche Verbraucher ist auf dem Lebensmittelsektor aus gutem Grund derartig mißtrauisch geworden, daß er unterschiedslos den Rindfleischverbrauch insgesamt senkte. So schlug der allzu leichtfertige Umgang der Engländer mit dem Problem bereits auf den deutschen Mäster zurück.
Für die EU-Beamten in Brüssel dürften die innerdeutsche Rindfleischbilanz und selbst die wirtschaftlichen Folgen durch einen Importstop des englischen Fleisches innerhalb Deutschlands nicht das gravierendste Problem sein. Denn der direkte Anteil deutschen Verbrauchs von englischem Fleisch ist verhältnismäßig gering: von den 127 000 Tonnen des 1993 europaweit verkauften englischen Rindfleisches gingen nur etwa 1800 Tonnen nach Deutschland. 1994 sank der deutsche Import aus England sogar auf etwa 300 Tonnen ab; bemerkenswerterweise stieg im gleichen Zeitraum der Export in die EU auf 160 000 Tonnen. Man kann unschwer daraus folgern, daß das englische Rindfleisch uns also ohnehin erreichte.
Die Gefahr, die die Engländer und mit ihnen die Politiker der EU sehen, liegt eher in der Signalwirkung für den gesamten europäischen Rindfleischmarkt, der mit etwa vierzig Milliarden DM beziffert wird. Dazu kommen noch die jährlichen Verkäufe von Rindfleisch über die Gemeinschaftsgrenzen hinweg nach Osteuropa, Afrika und Asien. Insgesamt verdienen Mäster, Schlachter, Schlachthäuser, Transporteure, Großhandel, sämtliche EU-Staaten über Gewerbesteuer, Dieselsteuer, Mautgebühren etc. am Rindfleischmarkt kräftig mit.
In Brüssel wird daher der Milliardenmarkt mit Tausenden von Arbeitsplätzen einer möglichen, aber nicht beweisbaren Gefährdung des Verbrauchers gegenübergestellt. Hinzu kommt, daß dieser Verdacht von

deutscher Seite am deutlichsten ausgesprochen wird, ohne daß konkrete deutsche Forschungsergebnisse ihn untermauern könnten. Die deutsche Position ist in Brüssel deshalb sehr schwach.
Hinzu kommt weiterhin, daß die Europäische Union verpflichtet ist zu intervenieren, wenn die Rindfleischpreise plötzlich stürzen: sie müßte kaufen und einlagern. Danach würden sich die gerade geleerten Kühlhäuser wieder füllen.
In Brüssel ist man bereits sehr nervös geworden, weil etliche Länder außerhalb der EU den Rindfleischimport aus England bereits teilweise oder ganz gestoppt haben. Es gelang den Engländern zwar gleichzeitig, ihre Gesamtexporte in erstaunlichem Umfang zu erhöhen, besonders nach Frankreich und Italien. Jedoch könnten weitere Vorstöße Deutschlands vor allem den Export in Länder außerhalb der EU kippen. Und davor hat man Angst.
Es mag also sein, daß die Brüsseler Experten in ihren häuslichen Eßgewohnheiten längst auf Geflügel und Fisch umgestiegen sind, nach außen aber haben sie allen Grund, den Rindfleischverzehr zu propagieren. Europa ist nur gesichert, solange Europa als Wirtschaftsmacht fortbesteht.
Da innerhalb der EU völlig andere Interessen im Vordergrund stehen als die Gesundheit von Verbrauchern, sollte man sich durch Signale aus Brüssel nicht übertölpeln lassen. Sie haben ausschließlich wirtschaftspolitische Bedeutung.
Und eins ist jetzt schon sicher: Sollte in einem Jahrzehnt eine CJD-Epidemie Europa erfassen, werden die EU-Beamten von heute ihre Hände in Unschuld waschen und von nichts gewußt haben. »Die Veterinäre wußten es ja selber nicht«, werden sie sagen, »woher also sollten wir es wissen? Wir waren nur die Wirtschaftsexperten.«
Deutschland hat innerhalb des EU-Systems übrigens kaum eine Chance auszuscheren. Wenn es nationale Verordnungen, etwa als Importverbot von englischem Fleisch, erläßt, dauern die Einspruchsfristen bis zu einem halben Jahr. Während dieser Zeit hat das vom Gesundheitsminister verkündete Importverbot noch keine Wirksamkeit – allerdings nimmt der aufmerksame Zeitungsleser nach vollmundiger Verkündung der Nachricht das möglicherweise an ... Erst nach einem halben Jahr kann die Verordnung umgesetzt werden – wenn nicht inzwischen die Brüsseler Kommission vor dem Europäischen Gerichtshof klagt. Da die Deutschen aufgrund fehlender eigener Forschung aber nur Verdachtsgründe vorbringen können, wird ein Importstop aus Gesundheitsgrün-

den von den europäischen Richtern nicht akzeptiert, sondern als unerlaubte Handelsbeschränkung gedeutet.
Jedenfalls erweist sich die berechtigte nationale Vorsorge gegen eine unter Umständen gefährliche Krankheit unter dem Druck europäischer Wirtschaftspolitik als noch viel schwieriger, als wenn man es lediglich mit einheimischen Lobbyisten zu tun hätte. Ob es sich um die (bei uns verbotene) Strahlenbehandlung von Lebensmitteln oder um gentechnisch veränderte Lebensmittel handelt, die Europäische Union erzwingt vieles, was wir unter eigener Vormundschaft im Lebensmittelsektor weit von uns weisen würden. Deswegen sollte Deutschland ungeachtet der Realität wenigstens formal die Einfuhr britischen Rindfleisches untersagen. Das Handtuch zu werfen, nur um keinen Ärger zu bekommen, ist keine Politik.
Langfristig wird gerade der Verzicht auf eine eigene solide Gesundheitspolitik zugunsten europäischer Wirtschaftspolitik den Wähler vom europäischen Gedanken abbringen. Warum sollte er in dem von Bundeskanzler Kohl beschworenen »europäischen Haus« wohnen wollen, in dessen Parterre die gesunden Konzerne ihre Wirtschaftspotenz zur Schau stellen, während er in der Dachkammer an den Folgen von europäisch verordneten radioaktiven Abfällen, Düngemitteln, Insektiziden, Hormonen und Krankheitserregern in seinen Lebensmitteln dahinsiecht?

Es wimmelt von »politischen« Dementi

Im Rückblick betrachtet, muß man immer wieder feststellen, daß bei sich abzeichnenden Gesundheitsgefährdungen – vor einigen Jahren bei Aids, jetzt auch bei BSE – von Politikern und Fachleuten in »politisch relevanten« Positionen lautstarke Aussagen zur Ungefährlichkeit der betreffenden Krankheit gemacht werden. Abgedruckt in Tagespresse und Fachorganen, werden vorsorglich mögliche Gefahren verharmlost, damit keine Unruhe in der Bevölkerung aufkommen kann.

Nichts fürchten Regierende jeder Couleur so sehr wie Diskussionen in der Bevölkerung zu anstehenden Problemen. Häufig werden diese dann in haarsträubender Weise gelöst: Im 16. Jahrhundert, beispielsweise, wurden die öffentlichen Bäder geschlossen – unter dem Vorwand der Syphilis-Gefahr. In Wahrheit war die Obrigkeit beunruhigt, weil die Bäder den Bürgern eine ausgezeichnete Gelegenheit zum Austausch von Meinungen bot: »Da sitzen sie und reden wider Gott und Kaiser«, hieß es.

Im großen und ganzen hat sich die Einstellung »der Obrigkeit« zum Mitreden der Bevölkerung seit dem 16. Jahrhundert trotz Demokratie nicht geändert. Unverantwortlich ist die Verharmlosung vor allem deshalb, weil damit der beste Zeitpunkt zum Handeln verpaßt wird.

»Die Seuche ist für Menschen ungefährlich«

Aus der Bundesforschungsanstalt für Viruskrankheiten in Tübingen, einer Institution, die als selbständige Bundesoberbehörde ausgewiesen ist und von ihrer Aufgabenstellung innerhalb der Tierseuchenbekämpfung die für diese Fragen kompetente Behörde sein sollte, meldete man sich in regelmäßigen Abständen in tierärztlichen und ärztlichen Fachblättern zur Frage von BSE. Ziel der Veröffentlichungen war ganz offensichtlich, jegliche Gefährdung des Verbrauchers durch BSE und Scrapie zu dementieren und diese Ansicht via praktische Ärzte und Tierärzte in die Bevölkerung sickern zu lassen (bei allen folgenden Zitaten ist der Urheber der gleiche Wissenschaftler).

Beispiel 1: *Deutsches Tierärzteblatt* (5/1990); Artikel: Bovine spongiforme Enzephalopathie (BSE). Unter der Überschrift: Besteht eine Übertragungsgefahr für den Menschen? ist folgendes zu lesen:
1. Es ist kein Fall bekannt, der darauf schließen ließe, daß eine Übertragung des Erregers der Traberkrankheit auf den Menschen möglich ist. Experimentelle Übertragungsversuche auf Affen verliefen negativ.
2. Die Creutzfeldt-Jakob-Krankheit wird auch in Ländern gesehen, in denen noch nie die Traberkrankheit vorgekommen ist.
Der erste Teil der Aussage ist falsch: Für die experimentelle Übertragung von Scrapie, CJD, Kuru und TME auf Affen bekam der Wissenschaftler D. C. Gajdusek sogar den Nobelpreis. Gajdusek schreibt ausdrücklich (1977), daß man nunmehr festgestellt habe, daß Scrapie klinisch und neuropathologisch in 3 Neuweltaffenarten und 2 Altweltaffenarten von der eben dort erzeugten experimentellen CJD nicht zu unterscheiden sei.
Es handelt sich also um eine recht merkwürdige Wissenslücke des Tübinger Fachmanns.
Im zweiten Teil wird in unzulässiger Weise aus einer fehlenden Information eine positive Schlußfolgerung gezogen. Die Logik ist nur scheinbar. Oder sollte man – zum Vergleich – aus dem Hinweis, daß Strahlenschäden auch in Ländern vorkommen, in denen noch keine einzige Atombombe gefallen ist, nun schließen, daß Atombomben ungefährlich sind? Übrigens wurde ein halbes Jahr später aus Indien von 14 Creutzfeldt-Jakob-Todesfällen nach der Verimpfung einer Scrapie-verunreinigten Tollwut-Impfstoffcharge berichtet.

Beispiel 2: *Deutsches Tierärzteblatt* (10/1993); Artikel: Besteht ein Zusammenhang zwischen dem Auftreten von »Rinderwahnsinn« – Spongiforme Enzephalopathie des Rindes (BSE) – und Gehirnerkrankungen beim Menschen? Unter der Überschrift: Gegenwärtiger Kenntnisstand über das Vorkommen des Erregers der BSE im erkrankten Rind steht:
Dabei (bei Infektion der Maus mit BSE, d.Verf.) *stellte sich nun heraus, daß der Erreger der BSE, im Unterschied zu jenem der Traberkrankheit, nachweislich nur im Gehirn und im Liquor cerebrospinalis* (Rückenmarksflüssigkeit, d. Verf.) *vorkommt, also überhaupt nicht in den anderen untersuchten Gewe-*

ben: Muskel, Milz, Plazenta, Milch und Eutergewebe, Knochenmark, Leukozyten, Sperma. Es gibt also keinen Anhaltspunkt dafür, den Genuß von Rindfleisch oder Milch in einen Zusammenhang mit dem Auftreten der Creutzfeldt-Jakob-Krankheit beim Menschen zu bringen.
Wieder verdeckt der Verfasser mit einer flotten Schlußfolgerung die erheblichen Mängel und Lücken in den Kenntnissen und die sich daraus ergebenden Zweifel. Die mögliche Gefahr durch die Milch eines BSE-kranken Rindes ist bis heute nicht fundiert untersucht.
Und darauf, daß ein Scrapie-Schaf infektiös ist, wollte der Verfasser indirekt gewiß nicht hinweisen, zumal er auch noch beruhigend darauf verweist, daß das Schaf innerhalb seiner Inkubationszeit geschlachtet (also mit Infektionserregern verkauft) wird.

Beispiel 3: Im oben genannten Artikel sowie im etwa gleichlautenden Artikel in der *Ärztezeitung* Nr. 6 vom 17. Januar 1994 ist unter dem Titel: Kann der Erreger der Rinderseuche BSE auch den Menschen infizieren? zu lesen:
Bei einem weiteren Fall (von CJD, d. Verf.) *Ende August handelt es sich um einen deutschen Landwirt. Sein Tod kann nun ganz sicherlich nichts mit der Rinderkrankheit zu tun haben, weil wir in Deutschland bisher überhaupt keinen Fall von Rinderwahnsinn hatten* (siehe auch weiter unten die beiden 1992 totgeschwiegenen Fälle von BSE in Deutschland, die in Tübingen mit Sicherheit bekannt waren) *und eine Ansteckung durch Rindfleisch gar nicht möglich sein könnte.*
Daß die außerdem angeführten zwei britischen Landwirte sich nicht an ihren BSE-kranken Kühen angesteckt haben können, begründet der Verfasser mit der Inkubationszeit von CJD beim Menschen mit 10 bis 20 Jahren. Abgesehen davon, daß erwiesenermaßen CJD schon nach einigen Monaten Inkubationszeit ausbrechen kann, sitzt der Verfasser einem Trugschluß auf. Einen noch direkteren Hinweis darauf, daß wir die Mär von den jahrzehntelangen Inkubationszeiten vielleicht streichen müssen, gibt es ja gar nicht. Hier wird die Theorie über eine Krankheit an Beweises Statt gesetzt. Genaugenommen ist lediglich die Aussage enthalten: Es kann nicht sein, weil es nicht sein darf. Vielleicht stimmt die Theorie nicht mehr, wenn wir einige neue Fakten in sie einfügen müssen. Geboten wäre bei einem solchen Alarmzeichen gewiß keine Abwiegelung, sondern der Hinweis darauf, daß unsere Kenntnisse derzeit nicht ausreichen, um zu behaupten, BSE sei für den Menschen ungefährlich.

Beispiel 4: In einem Interview des Praxismagazins *med.* (1/1994) antwortete derselbe Verfasser auf die Frage:
Welche bisherigen Erkenntnisse sprechen für, welche gegen eine mögliche Identität des CJD- und des BSE-Erregers?
Es ist überhaupt keine Frage, ob der Erreger der CJD mit jenem der BSE identisch ist.
Er beantwortet zwar die Frage nicht, aber er meint nein und begründet dies mit dem weltweiten Vorkommen von CJD im Gegensatz zum Vorkommen des – worauf er ausdrücklich hinweist – mit dem *Scrapie-Erreger identischen BSE-Erregers.* Seit mehreren Jahren war allerdings da schon bekannt, daß 14 Inder durch einen Scrapie-verunreinigten Impfstoff an CJD erkrankten (s. Beispiel 1).
Unterstützung solcher bewußt abwiegelnder Einstellung gibt es mitunter auch, wenn Fachleute anläßlich bestimmter Vorkommnisse interviewt werden. In Schleswig-Holstein verkündete im Januar 1994 der Tierseuchenexperte des Landwirtschaftsministeriums nach der Diagnose von BSE bei einem Galloway-Rind: *Wir gehen weiter davon aus, daß die Krankheit nicht auf Menschen übertragbar ist.*
Alle oben beschriebenen Verlautbarungen kamen in einer Art und Weise daher, daß man ihnen unterstellen muß, sie seien weniger zur Aufklärung als – mit ungenauen oder nicht ganz treffenden Argumenten – zur gezielten Beruhigung für Ärzte und Tierärzte geschrieben worden. Die Wiederholung diente erkennbar dem Einhämmern von (abwiegelnden) Regierungsstandpunkten in die Köpfe derjenigen Praktiker, die von beunruhigten Verbrauchern bzw. Patienten befragt werden. Es erhebt sich aber die sehr ernsthafte Frage, ob die Bevölkerung eines demokratisch regierten Landes solche zweckbestimmten unverhohlenen Lügen von Regierung/Verwaltung zu akzeptieren hat.
Ganz anders dagegen die klare Aussage eines führenden Virologen des Robert-Koch-Institutes (des Bundesgesundheitsamtes) in einem Interview der *Frankfurter Rundschau* von 1990: »Jeder Virologe weiß, daß eine Übertragung der Rinderseuche (gemeint ist BSE, d. Verf.) auf den Menschen nicht ausgeschlossen ist.« Das gilt bis heute.

»Im Rindfleisch gibt es keine Erreger«

Weniger wegen der wissenschaftlichen Überzeugungskraft als wegen des persönlichen Mutes bei der Argumentation müßte man Menschen

bewundern, die englisches Rindfleisch demonstrativ vor Zuschauern verzehren – ob nun anläßlich eines Symposiums von internationalen Fachleuten im Bundesgesundheitsamt in Berlin oder vor laufender Kamera im britischen Fernsehen, wie es der englische Landwirtschaftsminister tat. Die Mutproben sollten zeigen, daß das Fleisch frei von Erregern ist.
Oder sollte das Schauspiel doch eher wie Bundesumweltminister Töpfers fernsehwirksames Durchschwimmen des Rheins gemeint gewesen sein? Auch er hatte vielleicht nicht beweisen wollen, daß das Wasser keine Gifte enthält, sondern nur, daß er sich vor ihnen nicht fürchtet.
In den gleichen Dunstkreis von überzeugender Argumentationsgewalt fällt die Versicherung eines deutschen Kreisveterinärs, er würde *schieres Muskelfleisch* heute (1994) selbst in England ohne Bauchschmerzen verzehren. Da hat er recht, der Kreistierarzt: Bauchschmerzen würde er auch nicht bekommen.
Immerhin schrumpft in den Beteuerungen zur allgemeinen Gefahrlosigkeit des englischen Wiederkäuers allmählich der Umfang der Aussage: das Rind mag ja vielleicht gefährlich sein – aber doch nicht das Muskelfleisch.
Die britische Regierung hingegen hat sich auf die simple Aussage verständigt, daß es *für eine Gefährdung des Menschen keinen Beweis gebe.* Auch das ist richtig. Aber die Briten werden in 10 Jahren möglicherweise mehr Beweise aus dem großen Feldversuch an ihrer Bevölkerung vorlegen können.
Inzwischen hat die Version, daß es im Rindfleisch keine Erreger gebe, eine Variante erfahren: es gibt im Rindfleisch keine Erreger *mehr.*
Diese Behauptung diente den Engländern Ende 1994 dazu, den EU-Kommissar davon zu überzeugen, daß die Exporteinschränkung für die Rinderjahrgänge ab dem 1. 1. 1992 aufgehoben werden kann. Die Begründung war, daß bisher *bei keinem seit 1992 geborenen Rind die BSE-Symptome aufgetreten seien.* Dies war zwar richtig, aber nicht die ganze Wahrheit. Man weiß erst im Jahr 1996, ob die 1992 geborenen Rinder noch nennenswert BSE haben werden, wie der folgenden Aufstellung leicht zu entnehmen ist.
Die Berechnung gründet sich auf die bisherige Erfahrung, daß bei etwa 20–30% der infizierten Rinder die Krankheit im Alter von 4 Jahren, bei etwa 50% von 5 Jahren und bei den restlichen 20% von 6 Jahren ausbricht.

1. Im Sommer 1989 geborene infizierte Rinder haben gehabt/werden haben BSE-Symptome:
zu 20–30% im Jahr 1993
zu 50% im Jahr 1994
zu 20% im Jahr 1995

2. Im Sommer 1990 geborene infizierte Rinder haben gehabt/werden haben BSE-Symptome:
zu 20–30% im Jahr 1994
zu 50% im Jahr 1995
zu 20% im Jahr 1996

3. Im Sommer 1991 geborene infizierte Rinder haben gehabt/werden haben BSE-Symptome:
zu 20–30% im Jahr 1995
zu 50% im Jahr 1996
zu 20% im Jahr 1997

4. Im Sommer 1992 geborene infizierte Rinder werden BSE-Symptome haben:
zu 20–30% im Jahr 1996
zu 50% im Jahr 1997
zu 20% im Jahr 1998

BSE-kranke Rinder gibt es unterhalb von 4 Jahren so verschwindend wenig, daß man aus dem für den Import zugelassenen Jahrgang 1992 Ende 1994 bestimmt noch kaum welche entdeckt haben konnte, selbst wenn sie zu Tausenden im Jahre 1996 an BSE sterben würden. Vielleicht war das der Grund, die Regelung 1994 zu treffen.

»In Deutschland keine Gefahr«

Der Grat, auf dem Politiker wandeln, ist manchmal schmal. Und im Nacken sitzt ihnen unsichtbar immer die angestammte Wählerklientel. Bei jeder öffentlichen Äußerung von Politikern zum Rinderwahnsinn muß man ihr parteipolitisches Spielfeld im Auge behalten, um die Zielrichtung zu verstehen.

Warum sich Politiker zuweilen auf den Rinderwahnsinnsgrat begeben, ist nicht immer klar: Springen sie auf einen fahrenden Zug auf, oder wollen sie sich mit einem noch unverbrauchten Thema profilieren, oder sind sie wirklich bereit, den warnenden Wissenschaftlern zu vertrauen und deren und die selbst gewonnene Überzeugung in politische Konsequenzen umzusetzen?

Zweifel über die Motive sind grundsätzlich angebracht.

Zumindest eins steht fest: Der kleinste gemeinsame Nenner deutscher Politiker jeder Richtung ist die Feststellung, in Deutschland bestehe keine Gefahr. Kein deutsches Rind sei je wahnsinnig geworden. Das könne es auch nicht, denn in Deutschland werde kein mit tierischem Eiweiß aufgepepptes Kraftfutter an Rinder verfüttert. Jegliche Gefährdung durch verseuchtes Fleisch könne nur von außen kommen.

Diese Haltung tut keinem Politiker weh, denn es verschreckt im Lande keine Lobby, jedenfalls weder Fleischproduzenten noch fleischverarbeitende Industrie. Allenfalls könnten die Verbraucher ein wenig mißtrauisch sein, aber die sind andererseits dankbar, wenn überhaupt etwas für ihre Sicherheit geschieht, wenn zumindest so geredet wird, als ob für ihre Sicherheit etwas geschehe.

Auf der Basis des kleinsten gemeinsamen Nenners wird deshalb auf Politikerseite am lautesten gestritten. Schweigen dagegen breitet sich über den Verdacht aus, wir könnten BSE längst im Lande haben: durch noch legal importierte Zuchtrinder, durch illegal importierte Schlachtrinder, durch verseuchtes englisches Fleisch aus Direktimporten, durch umdeklariertes verseuchtes englisches Fleisch aus EU-Ländern, durch verseuchtes englisches Exportfleisch aus Drittländern, durch undeklarierte verseuchte englische Fleischbeimengungen in europäischen Wurstwaren … usw.

Mit einmütiger Zustimmung aller Wähler und obendrein dem politischen Konsens aller Parteien konnte deshalb Gesundheitsminister H. Seehofer rechnen, als er im Frühjahr des (Super-)Wahljahres 1994 mit kernigen Worten Taten ankündigte, notfalls im deutschen Alleingang. Gegen das *nicht zu verantwortende Experiment am Menschen* wolle er die Einfuhr britischen Rindfleisches untersagen. Die Parallelen zu den Versäumnissen bei der Ausbreitung von Aids hatte der Minister sehr wohl verstanden: mitschuldig an diesem neuen drohenden Desaster wollte er nicht werden. Deshalb müsse man so handeln, als ob der *Rinderwahn auf den Menschen übertragbar sei. Wer einen nationalen Allein-*

gang für überflüssig halte, müsse in der Öffentlichkeit dafür auch die Verantwortung übernehmen. Zurücktreten werde er, falls er seinen Plan nicht durchsetzen könne.

Ein Brüsseler Kommissionsmitglied sah in Seehofer einen leicht hysterischen Profilsucher im Wahljahr, Bundeskanzler Kohl entschied sich doch lieber für Frieden in der europäischen Familie bis zur Europawahl – und das Kabinett nahm Seehofers Entwurf über die Schutzmaßnahmen gegen BSE *zur Kenntnis.*

Nach der alles entscheidenden Sitzung in Brüssel sprach Agrarkommissar Steichen von der Beruhigung deutscher Sorgen, Landwirtschaftsminister Borchert vom *ersten Schritt in die richtige Richtung,* und die britische Landwirtschaftsministerin Gillian Shepherd flog triumphierend nach Hause.

Ergebnis von Seehofers lautstark verkündeter Entschlossenheit, das nicht zu verantwortende Experiment am Menschen zu beenden, war die ungleich leiser verkündete Maßnahme, das Importverbot von Rindfleischhälften (bzw. überhaupt knochenhaltigem Rindfleisch) nach rückwärts auszudehnen: das Kriterium war nicht mehr BSE-Freiheit der Herde in den vergangenen 2, sondern in den vergangenen 6 Jahren.

Der Import des von Knochen befreiten Fleisches aus BSE-Beständen, in denen das eigentliche Gefahrenpotential steckt, war davon überhaupt nicht berührt. Der englischen Fleischwirtschaft dürfte die Umstellung der Maschinen auf das Herauslösen der Knochen ohnehin inzwischen gelungen sein. Ganz abgesehen davon, daß es kaum einem Landwirt schwerfallen wird, das Rind aus seiner BSE-befallenen Herde zu einem Rind aus des Nachbarn nicht-BSE-befallener Herde umzufunktionieren. Solche Mechanismen sind im Lande der Ohrmarkenfreiheit und des Abstammungspapierverlustes sehr wahrscheinlich längst gut durchorganisiert.

Diese Pseudoverschärfung hat Seehofers Sorgen beruhigt, denn er trat nicht zurück.

Und in Deutschland gibt es offiziell immer noch keine Gefahr. Was wird Seehofer in 10 Jahren tun, wenn möglicherweise CJD-Erkrankungen eine Spur bis zum Rindfleischkonsum der Jahre 93/94 legen? Wird er dann die Diskussion der Schuldfrage und der Verantwortlichkeit ebenso elegant umgehen wie die damaligen Gesundheitsminister Süssmuth und Geißler bei den Aids-Infektionen durch Blutkonserven?

Bis hin zu Drohungen …

In der Gesundheitspolitik sei Europa ein Hemmnis, so kritisierte Gesundheitsminister Seehofer unverblümt, bevor er 1994 in seinen Bemühungen um einen Importstopp von britischem Rindfleisch nachgab.
Unbekannt bleibt weitgehend, welche Argumente innerhalb der Regierungsmannschaft verwendet werden, um die anfängliche Tatkraft mitsamt den angekündigten Taten eines Ministers in das Gegenteil zu verkehren. Eher schon erfahren wir von den feineren und gröberen diplomatischen Schritten, die die Engländer anwenden, um Deutschland zur Raison zu bringen.
Tatsache ist, daß die Engländer die Gesundheitsgefahr zu einer wirtschaftspolitischen Auseinandersetzung reduziert haben und entsprechende Mittel anwenden. Wahlkampf auf Kosten englischer Rinderfarmer, wurde Seehofer unterstellt, und die Brüsseler EU-Kommission kündigte sofortige Klage vor dem Europäischen Gerichtshof an. Dazu paßt dann auch das Zitieren des deutschen Botschafters in ein englisches Ministerium sowie die Bemerkung des britischen Außenministers gegenüber dem deutschen Außenminister Kinkel, daß London *jegliche einseitige Entscheidung* Deutschlands bedauern würde. Vokabular und Eingreifen von Außenministern in die Debatte erinnern leider schon an früheste Stadien von Kriegserklärungen.

Politiker im Dienst von Lobbys

Es gibt viele mutige Menschen im Lande. Leider erweist es sich immer wieder – möglicherweise sogar zunehmend –, daß für ganz einfach scheinende Entscheidungen Zivilcourage aufgebracht werden muß. Und diese wird nicht etwa nur dem Wissenschaftler abverlangt, der öffentlich bekundet, daß er BSE für gefährlich für den Menschen hält.
Im Landeshaus der Schleswig-Holsteinischen Regierung in Kiel gibt es den Kantinenchef H. Zipner, der mit Bestürzung die Nachrichten über die wachsende BSE-Epidemie bei englischen Rindern zur Kenntnis nahm. Da er – im Unterschied zu den Wissenschaftlern, die sich mehr oder minder theoretisch mit der Gefahr beschäftigen – Insider ist in

bezug auf die Beschaffung von Fleisch für Großküchen, strich er im Juni 1994 jegliches Rindfleisch von seiner Speisekarte. Da es ihm darüber hinaus nicht etwa um eine spektakuläre Aktion ging, sondern um gefahrlose Rohstoffe für seine täglich ungefähr 800 Essensportionen, entfernte er auch verdächtige, aber unscheinbare Zutaten und Hilfsmittel aus der Küche, wie z. B. eingefrorene Industrieprodukte, Gelatine und Bouillon; außerdem zog er auf eigene Kosten viele eingefrorene Portionen Rindfleisch aus dem Verkehr und gab sie zurück.
Um das Fehlen seiner besonders beliebten Rinderrouladen auf dem Speisezettel zu erklären, hängte Zipner für seine Kunden ein Plakat über Hintergrund und Gefahren von BSE, mitsamt den sich für ihn daraus ergebenden Konsequenzen, aus.
Dies erweckte den Unwillen des Schleswig-Holsteinischen Landwirtschaftsministeriums, denn immerhin ist Schleswig-Holstein ein Agrarland und finanziell vom Handel mit Fleisch, Milch und Milchprodukten abhängig. Man bedeutete Zipner per Brief, daß aus der Sicht des Landwirtschaftsministeriums die drei in Deutschland nachgewiesenen BSE-Fälle kein Anlaß dafür sein könnten, den Verzicht auf Rindfleisch zu empfehlen.
Von anderer Seite jedoch bekam er Zuspruch. Die Zahl der ausgegebenen Essensportionen erhöhte sich sprunghaft. Und Zipner blieb bei seiner Haltung, weil ihm der Staat nicht garantieren kann, daß verseuchtes englisches Fleisch oder über verseuchtes Futter BSE-haltiges deutsches Fleisch nicht in den Handel kommt.
CDU- und FDP-Politiker des Landes ergriffen daraufhin Maßnahmen eigener Art. Eine Delegation von 3 ihrer Abgeordneten, einer von ihnen Landwirt, orderten bei Zipner 19 Portionen Rinderrouladen – nicht ohne die Presse zu informieren.
Um die Angelegenheit nicht zu einem Streit eskalieren zu lassen, besorgte Zipner Ochsenfleisch aus einem Biohof vor den Toren Kiels – BSE-frei, soweit sich dies überhaupt garantieren läßt.
Im Kantinenalltag kann selbstverständlich zum gewohnten Preis Fleisch weder unter diesen besonderen Bedingungen besorgt noch zubereitet werden. Die Abgeordneten setzten ihre spektakuläre Forderung also unter nicht vergleichbaren Bedingungen durch – man könnte die ganze Angelegenheit deshalb auch als etwas kindisch bezeichnen.
Man fragt sich außerdem, wie viele Portionen geordert worden wären, wenn die Abgeordneten billiges Rindfleisch vorgesetzt bekommen hätten – vielleicht als Sonderposten aus England, Frankreich oder Holland.

Übrigens sah sich Herr Zipner nach einem dreivierteljährigen harten Kampf für seine Einstellung genötigt, zu kündigen. Immer wieder und zunehmend bedrängender hatte das Landwirtschaftsministerium von Schleswig-Holstein ihn für ihr Marketing von Rindfleischprodukten des Landes einzuspannen versucht.

Maulkörbe gegen Aufklärung

Auffällig ist das deutliche Schweigen der Fachleute, die am besten über BSE Bescheid wissen sollten. Im Unterschied zu den meisten benachbarten Ländern, wie Dänemark, Frankreich und der Schweiz, hat die Bundesrepublik den ersten BSE-Fall viel später entdeckt und mit großer Verzögerung veröffentlicht, zähneknirschend gewissermaßen. Man sollte meinen, daß die Entdeckung BSE-kranker Tiere mit dem Viehbestand, den Lebendvieh-Einfuhren und der Futtereinfuhr korrelieren müßte – zumal inzwischen durch Recherchen von Journalisten längst belegt ist, in welch hohem Ausmaß lebende Rinder von England auf den Kontinent und auch nach Deutschland importiert werden, ungeachtet wechselnder Importbeschränkungen.

Deshalb sollten die Großtierpraktiker und die Fleischbeschautierärzte eigentlich darauf vorbereitet sein, die Symptome zu erkennen. Zwar wird in Tierärztekreisen durchaus diskutiert – aber nicht öffentlich.

Sollte dies etwa mit der Publikation eines Beschlusses des Tierseuchenausschusses der Deutschen Tierärzteschaft e. V. (die Gemeinschaft der Tierärztekammern der Länder und der tierärztlichen Berufsvereinigungen) vom 29. 3. 1994 zu tun haben? Der Tierseuchenausschuß riet, *überzogenen Maßnahmen zur Bekämpfung der Rinderkrankheit Bovine Spongiforme Encephalopathie – BSE – nicht das Wort zu reden. Die notwendigen Maßnahmen zur Bekämpfung der Seuche seien ergriffen. Eine Einschleppung oder Weiterverbreitung in Deutschland sei sehr unwahrscheinlich.*

Was mag das heißen? Entweder der Verdacht auf BSE taucht in der Landpraxis auf – dann muß der Verdacht bei der Veterinärbehörde angezeigt werden, worauf die Maßnahmen nach vorgeschriebener Verfahrensweise ablaufen. Oder es gibt keinen Verdacht. In der der Schlachtung vorausgehenden Lebendbeschau ist es genauso. Maßnahmen überziehen kann man also als Tierarzt eigentlich nicht. Oder soll der Tierarzt lediglich nicht darüber reden? Und dann doch handeln? Oder soll er weder reden noch handeln? Und auch nicht denken? Denn sehr entschieden wird mitgeteilt, daß die notwendigen Maßnahmen ergriffen worden seien. Gedacht haben also andere.

Aber wer hat die Seuche bekämpft, bevor der Tierarzt ihr etwa beim Weiderind begegnet? Wenn man's genauer betrachtet: niemand. Das Rind könnte dann nur als Zuchtrind vor Februar 1990 eingeführt worden sein oder als Kalb – wobei man es zu schlachten vergaß, als es 6 Monate alt war –, oder es hat beim Landwirt das eiweißreiche Futter erhalten, das hier zu verfüttern nicht üblich ist. Der Kollege hat also nur die Wahl, hinzugucken oder wegzugucken. Das obige Zitat scheint zum Weggucken aufzufordern. Denn die Maßnahmen haben andere bereits ergriffen. Und was der Kollege möglicherweise sieht, kann ja gar nicht sein. Und wenn er sähe, was er sieht, würde er den Kunden vielleicht an den Nachbarkollegen verlieren.

Opportunismus und Käuflichkeit bei den Wissenschaftlern?

Von *den* Wissenschaftlern kann man im Grunde nicht sprechen, wenn es sich um eine einzelne Erkrankungsform, gar ein einziges Bakterium oder Virus handelt. Denn die meisten von ihnen spezialisieren sich auf bestimmte Fachgebiete und sind – wenn etwas Neues, wie der Erreger spongiformer Hirnerkrankungen, auftaucht – in ihrem wissenschaftlichen Institut personell und finanziell meistens gar nicht in der Lage, sich spontan einem weiteren Fachgebiet zuzuwenden. Die meisten einschlägig tätigen Wissenschaftler Deutschlands forschen darum eben nicht auf diesem Gebiet.

Für die, die es tun, entwickelt sich ein solches Fachgebiet mitunter zu einer Belastung. Man braucht eine finanzielle Ausstattung, um innovative Forschungsergebnisse vorlegen zu können. Wer die nicht hat, wird sich mehr oder minder an den Forschungsergebnissen aus anderen Teilen der Welt orientieren, also bei der Fachliteratur auf dem laufenden sein und dabei sehr kleine Teilbereiche selbst bearbeiten.

Bei den wichtigen Fragen, wie z. B. Virusursache oder Prionenhypothese, wird sich der Wissenschaftler entscheiden müssen, welche Theorie er für besser hält. Die Möglichkeit, der Frage wissenschaftlich auf den Grund zu gehen, haben die allerwenigsten Wissenschaftler.

Die in bezug auf die Bekämpfung der Seuche ungemein wichtige Frage nach der Ursache reduziert sich deshalb auch für einen sehr hohen Prozentsatz von Wissenschaftlern auf eine Glaubensfrage. Eine Angelegenheit eigener Erkenntnisse ist es nicht, lediglich der Wahrscheinlichkeit.

Insofern hat kaum ein/e »Fachmann/frau« – um ein Urteil gebeten – die Möglichkeit, sich auf wissenschaftliche Erfahrung zurückzuziehen.

Darum ist für jeden einzelnen Wissenschaftler, der konkret um Rat gefragt wird, ob es sich etwa um BSE bei einzelnen Tieren handele oder was er zur Bekämpfung der Seuche rate, die Antwort häufig eine Frage des Mutes.

Es ist natürlich eine sehr menschliche Eigenschaft, bei Mutproben auszuweichen und doppeldeutige Antworten zu geben. Weder bei Wissenschaftlern allgemein noch bei Tierärzten im besonderen darf man mehr Mut erwarten als bei allen anderen Menschen auch.

Solches Herauslavieren aus schwierigen Fragen wird man generell zu erwarten haben, wenn die wissenschaftliche Reputation auf dem Spiel steht. Kein Wissenschaftler wird sich 10 Jahre später gerne nachweisen lassen, er habe der falschen Hypothese angehangen oder BSE entdeckt, wo es keine gab. Viele Wissenschaftler werden deshalb, solange nicht klar ist, wohin die Waage sich neigen wird, alles offenlassen.

Besonders trifft diese Haltung natürlich derzeit in Deutschland zu, wenn die Frage auftritt: Kann dieses Rind mit den für BSE typischen klinischen Symptomen wirklich BSE gehabt haben?

Im Normalfall wird wohl dieses Rind – wenn der praktische Tierarzt darauf besteht, das Gehirn zur Untersuchung einzusenden – erst mit äußerster Zurückhaltung befundet werden. Es wird einer ganzen Serie von BSE-Verdachtsfällen bedürfen, bis der Druck der statistischen Wahrscheinlichkeit die Aussage erleichtert, es handele sich vermutlich um BSE. Ein Verstärkereffekt würde auch eintreten, wenn aus verschiedenen Bereichen der Republik der Verdacht auf BSE gemeldet würde.

Solange dieses aber nicht der Fall ist, werden wir als Verbraucher damit rechnen müssen, daß nicht alle BSE-verdächtigen Rinder von Tierärzten gemeldet werden, daß nicht alle als verdächtig eingeschickten Gehirne positiv befundet werden und infolgedessen durchaus gelegentlich BSE-Fleisch über die Ladentheke an den Verbraucher geht.

Erst wenn mit der BSE-Diagnose kein wissenschaftlicher Ruf mehr auf dem Spiel steht, sondern sie zur Routinetechnik geworden ist, können wir ungeschönte Auskünfte über das BSE-Vorkommen in Deutschland erwarten.

Noch unangenehmer könnte für manchen Wissenschaftler die Frage nach der Gefährdung des Menschen sein. Auch dabei dürfte sich mancher herauswinden. Andere werden sich möglicherweise nach bewährtem Muster von Sachverständigen aus anderen Risikobereichen (Atomindustrie, chemische und pharmazeutische Industrie, Blutersatzindustrie, müllentsorgende Industrie) für verharmlosende Gutachten oder

Aussagen hoch bezahlen lassen. Es wimmelt von Gefälligkeitsgutachtern und -rechtsanwälten, wo es um große Summen geht; in der Vergangenheit wurde auch notorischen Datenumfälschern unter solchen »Experten« nur selten von Gerichten das Handwerk gelegt.

Entlassen als Fleischbeschautierärztinnen, Mikrobiologen, Fachleute ...

Mit der Diagnose BSE steht für die betreffenden Fachleute zuweilen mehr auf dem Spiel als die wissenschaftliche Reputation, manchmal sogar die berufliche Existenz. Es erweist sich zunehmend – wie in anderen Bereichen der Wissenschaft auch, z. B. bei der Diskussion um Gesundheitsschäden durch Atomkraftwerke –, daß Fachleute mit Beharrungsvermögen ihren privaten oder öffentlichen Dienstherren unbequem werden: Maulkörbe, Entlassung oder Prozesse sind Folgen, mit denen die Betreffenden rechnen müssen. Beispielhaft soll hier von drei Fällen berichtet werden.

Die Veterinärmedizinerin M.-L. Hovi, angestellt, um im Auftrag öffentlicher Träger einen Export-Schlachthof in Bristol zu überwachen, wurde entlassen, weil sie ordnungsgemäß ihre Aufgaben durchführte. Im Rahmen dieser Aufgaben hatte sie u. a. in den Begleitpapieren des Schlachtfleisches zu bestätigen, daß die Rinder aus Herden stammten, in denen 2 Jahre keine BSE aufgetreten war. Um die Zertifikate ausfüllen zu können, verlangte Frau Hovi den Nachweis. Jedoch kamen die meisten Tiere ohne jede Bestätigung, und ihr wurde im Schlachthof bedeutet, daß sie die Papiere eben ohne solche ausfüllen solle. Eine Nachfrage bei Kollegen ergab, daß diese Verfahrensweise auch in anderen Exportschlachthöfen die Regel war.
Frau Hovi weigerte sich, fiktive Papiere zu erstellen, und wurde entlassen. Ihr Protest beim Verbandspräsidenten ihrer Standesorganisation führte lediglich dazu, daß dieser an den Landwirtschaftsminister schrieb und die Schwächen der BSE-Zertifikate beklagte.

Der englische Mikrobiologe H. Narang wurde vom Dienst im staatlichen Gesundheitsamt Newcastle/England suspendiert, weil er sich mit der Entwicklung eines Testverfahrens für BSE befaßte. Sein Labor wurde durchsucht, und die Forschungsunterlagen wurden vernichtet.

Da das englische Landwirtschaftsministerium gewissermaßen per Dekret festgesetzt hat, daß die BSE-Epidemie sich ihrem Ende nähert, besteht kein Interesse mehr an weitergehenden Untersuchungen. Vor allem ein Test, der möglicherweise darüber Aufschluß geben könnte, daß die nach englischer Betrachtungsweise (klinisch positiven) pathologisch-anatomisch negativen BSE-Tiere tatsächlich BSE-krank sind, fordert offensichtlich die sehr energische Gegenwehr der englischen Behörden heraus.

Harang merkt dazu an, daß derzeit 82% der klinisch BSE-kranken Rinder in Schottland keine Vakuolen mehr im Gehirn aufweisen; diese bilden jedoch die Grundlage für die englische BSE-Diagnostik. Infolgedessen werden die vakuolenfreien BSE-Verdachts-Rinder als negativ gezählt. (Vermutlich ändert sich mit dem Erregerspektrum – früher der Scrapie-Erreger im Futter, heute das Scrapie/BSE-Erreger-Gemenge oder der BSE-Erreger im mütterlichen Blutkreislauf bzw. in der mütterlichen Milch – auch das Schadensmuster im Gehirn. Alle Tierversuche beweisen, daß die Gewebeschäden je nach Erreger-Variante wechseln können.)

Es geht hier um Schadensersatzforderungen der betroffenen Landwirte – aber noch viel mehr um die weltweiten Exporte. Unterstellt man, daß die englische Regierung bereit ist, die gesundheitlichen Aspekte den wirtschaftlichen unterzuordnen, so versteht es sich von selbst, daß sie jede weitere Schmälerung durch BSE-Diagnosen verhindern wird.

Es sei hier, zur Klarstellung, nochmals darauf hingewiesen, daß Narang meint, das BSE-Virus identifiziert zu haben.

Frau Dr. M. Herbst, Schlachthoftierärztin in Bad Bramstedt in Schleswig-Holstein, ist im Kampf gegen BSE das erste deutsche Opfer von Behörden.

Im Jahr 1990 diagnostizierte Frau Herbst im Stall des Schlachthofes die ersten BSE-Verdachtsfälle; bis 1994 waren es 21 Rinder. Im Herbst 1994 wurde gegen die Tierärztin vom Schlachthofbetreiber wegen Unterlassung und Schadensersatz geklagt; Ende desselben Jahres kündigte der Arbeitgeber, der Kreis Segeberg, fristlos das Arbeitsverhältnis mit der Begründung Fehlverhalten (Bericht über die Verdachtsfälle in einer Fernsehsendung) und sprach Anfang 1995 eine Bußgeldandrohung wegen Verstoßes gegen das Tierseuchengesetz aus sowie vorsorglich eine zweite Kündigung.

Was war geschehen? Frau Herbst stand seit etwa zwei Jahren bereits mit ihrem obersten Dienstherrn, dem Landrat, sowie ihrem direkten tierärztlichen Vorgesetzten, dem Leiter des Fleischhygieneamtes, in Diskussion wegen der möglichen Gefahr durch BSE-verdächtige Rinder im Schlachthof von Bad Bramstedt. Daneben gab es noch allgemeine hygienische Probleme und Unregelmäßigkeiten in der Dienstordnung im Schlachthof, die auch von anderen Tierärzten immer wieder moniert wurden.

Nachdem es drei Tierärzten nicht gelungen war, auf dem Dienstweg die vorgeschriebene und notwendige Schlachthofhygiene durchzusetzen, wandten sie sich an die Öffentlichkeit. Einer von ihnen wurde abgemahnt und fortan kaum mehr bei der Fleischbeschau beschäftigt. Dieses, obwohl sich in der anschließenden Untersuchung herausstellte, daß die Tierärzte die Zustände zu Recht beanstandet hatten. Und obwohl der Leiter des Fleischhygieneamtes (vorläufig) vom Dienst suspendiert wurde.

Im Vorfeld zu dieser Eskalation wurde seitens des Fleischhygieneamtes den BSE-Verdachtsfällen von Frau Herbst nur sehr zögerlich nachgegangen, manchmal auch abgestimmt, ob es sich überhaupt um BSE-Verdacht handeln könne. Statt zum BSE-Verdacht gelangte man u. a. zu den Diagnosen: Blindheit, Brünstigkeit, Ermüdung, Ohrspeicheldrüsenentzündung. Diese Diagnosen erfordern weder weitergehende Untersuchungen, noch haben sie irgendeine Folge für das Fleisch: es kann uneingeschränkt tauglich gestempelt werden und in den Verkauf gehen.

Sofern der BSE-Verdacht nicht umgestoßen wurde, gab es verschiedene Verfahrensmängel, die eine sorgfältige und umfassende Abklärung des Verdachts verhinderten:

1. Die klinischen, für die pathologisch-anatomische Untersuchung sehr wichtigen Vorberichte wurden dem Pathologen nicht mitgeliefert. In einem Fall fehlte selbst der Hinweis, daß ein weiteres Tier auf der Weide wegen Raserei erschossen worden sein soll.
2. Die Rinder wurden geschlachtet, statt getötet (mit dem Bolzenschußgerät und dem Rückenmarkszerstörer ruinierte Gehirne sind für die histologische Untersuchung auf BSE zweifelhaft, siehe weiter oben).
3. Zur Absicherung von Frau Herbst erbetene Tierexperimente wurden nicht durchgeführt.
4. Erschießen eines Tieres und Vernichtung in der Tierkörperbeseitigungsanstalt statt histologischer Untersuchung.

5. Normale Schlachtung, Inverkehrbringen des Fleisches von einem Rind mit durch Frau Herbst geäußertem klinischen BSE-Verdacht.
6. Eintreffen des Gehirns im Untersuchungslabor so spät, daß das Gewebe sich bereits auflöste.
7. Vermerk auf den mit dem Untersuchungsmaterial eingesandten Papieren: *wissenschaftliches Interesse, kein Verdacht auf BSE* (für das Veterinäramt).
8. Fehlen schriftlicher Befundberichte aus einem der zugezogenen Histologielabors; telefonische, nicht kontrollierbare Übermittlung des Befundes. Keine Information an die Tierärztin.

Die durch die drei Tierärzte – in der Öffentlichkeit – erhobenen Vorwürfe waren so gravierend, daß sich eine Untersuchung der Vorfälle nicht umgehen ließ. Den Verwaltungsgepflogenheiten entsprechend hatte dabei der Landrat des Kreises Segeberg die Untersuchungen durchzuführen und dem Minister für Ernährung, Landwirtschaft, Forsten und Fischerei des Landes Schleswig-Holstein Bericht zu erstatten. Der Minister wiederum ließ zu den Vorfällen am Schlachthof Bad Bramstedt für den Agrarausschuß des Schleswig-Holsteinischen Landtages einen schriftlichen Bericht erstellen.
Diesem Bericht entnimmt man für 4 BSE-Verdachtsfälle:
Aufgrund der Berichterstattung durch den Landrat des Kreises Segeberg steht fest, daß 4 BSE-Verdachtsfälle vom 01. 03. 1991, 04. 04. 1991, xx. 09. 1991 und 04. 03. 1993 ... mit negativem Ergebnis auf BSE befunden worden sind.
Schlägt man nun in den dem Bericht beigefügten Untersuchungsbefunden des Pathologen nach, so findet man für 2 von diesen 4 Rindern folgende Aussage:
1. *Die untersuchten Gewebsproben weisen hochgradige tötungsbedingte Artefakte* (Kunstprodukte, Anm. d. Verf.) *auf, soweit histologisch zu beurteilen: keine sicheren Anhaltspunkte für BSE.*
2. *Zum Zeitpunkt der Untersuchung befindet sich das Untersuchungsmaterial im Zustand fortgeschrittener Autolyse* (Selbstauflösung, Anm. d. Aut.) ... *Beurteilung: Im eingesandten Material histopathologisch kein eindeutiger Hinweis auf Veränderungen wie bei BSE.*
Im Fachjargon von Medizinern bedeutet *keine sicheren Anhaltspunkte für BSE* und *kein eindeutiger Hinweis auf Veränderungen wie bei BSE*, daß der Verdacht vorhanden ist und mit der gewählten Methode nicht entkräftet werden kann. Um eine Gefahr durch das Fleisch für den Verbraucher

wirklich auszuschließen, muß man in solchen Fällen weitere Untersuchungen anschließen.
Beurteilungen desselben Pathologen für andere BSE-Verdachts-Rinder lauteten übrigens eindeutig: *keine Anhaltspunkte für BSE* oder *keine Hinweise auf das Vorliegen einer bovinen spongiformen Encephalopathie*. Er machte also durchaus Unterschiede bei der Beurteilung der Verdachtsfälle – und jeder Mediziner ist in der Lage, den Unterschied herauszulesen.
Aber auf dem Wege vom Landrat bis zum Untersuchungsausschuß verschwand der Vorbehalt des Pathologen und wurde zu einem eindeutig negativen Untersuchungsergebnis heruntergerechnet. Grund: im Landwirtschaftsministerium behauptete man, daß ein *BSE-Verdacht* erst vorliege, wenn der Pathologe eindeutige Hinweise auf BSE gefunden hat.

Zum Fehlen des Vorberichtes könnte man als Vergleich einen Befund eines Hausarztes heranziehen, der bei einem Kranken eine schwere Halsentzündung vorfindet und feststellt, daß er keine sicheren Anhaltspunkte für Diphtherie hat. Ausschließen kann er diese lebensgefährliche Krankheit aber auch nicht. Er wird den Patienten deshalb zur Sicherheit in ein Krankenhaus einweisen. Er wird sich außerdem erkundigen, ob der Kranke möglicherweise in letzter Zeit verreist gewesen ist. Wenn er dann erfährt, daß dieser gerade eine Hotelfachmesse in Moskau besuchte, erhält sein Verdacht Nahrung. Er wird die Fahrt des Patienten nach Moskau – wo seit einiger Zeit eine äußerst gefährliche Diphtherie-Variante umgeht – sogar im Vorbericht an die Klinik vermerken.
In der Medizin spielt eben das Umfeld immer eine große Rolle, und ebenso wie die Klinik benötigt auch der Pathologe die volle Information über den Patienten.

Insgesamt hat man sich auf dem Schlachthof von Bad Bramstedt offensichtlich das Leben erleichtert, indem man gegen allgemein anerkannte Hygieneregeln und Verfahrensweisen verstieß. Auf der Basis der sicheren Kenntnis dieser Verstöße wächst die Wahrscheinlichkeit, daß manche der verdächtigten Rinder tatsächlich BSE hatten, zumal die Presse nachwies, wie unproblematisch illegale Ankäufe von Rindern aus England zu tätigen sind. Um kritisches Hinterfragen im nachhinein überflüssig zu machen, hätten alle sinnvollen und notwendigen Untersuchungen korrekt durchgeführt werden müssen. Daß diese auf allerlei Wegen verhindert wurden, bestärkt ebenfalls den Verdacht auf BSE.
Da bis in höchste Stellen der hierarchischen Kette – die ins Landwirtschaftsministerium führt – Mitbeteiligte an allen diesen Mißständen her-

ausgefunden werden könnten, ist das gemeinsame Bestreiten ein Akt der Notwehr. Beweiskraft hat es nicht.

Mehr Beweiskraft hat das, was die Kieler Staatsanwaltschaft ermittelt. Der Sprecher der Staatsanwaltschaft gab im April 1995 (6) als Zwischenergebnis bekannt, daß die Fleischbeschau in Bad Bramstedt in mehrerlei Hinsicht vorschriftswidrig durchgeführt wurde. In dieser Sache wird weiter ermittelt, darüber hinaus wegen Korruptionsverdachts gegen Mitarbeiter der Norddeutschen Fleischzentrale (NFZ), die den Schlachthof Bad Bramstedt betreibt.

Es bleibt zu hoffen, daß das anzunehmende Netz von Beziehungen bis in seine letzten Verzweigungen aufgedeckt wird. Offensichtlich funktioniert es weiterhin ungestört. Denn womit soll man es sonst erklären, daß trotz der Ermittlungsergebnisse der suspendierte Leiter des Fleischhygieneamtes wieder an seinen Arbeitsplatz zurückgekehrt ist (allerdings nicht als Leiter des Fleischhygieneamtes)? Derweil wurde Frau Dr. Herbst gerichtlich bestätigt, daß die fristlose Kündigung rechtens sei. Die Richterin begründete das Urteil unter anderem damit, daß Frau Herbst die Verbraucher beunruhigt habe. (Sollte Verbraucheraufklärung in Zukunft ein straffähiges Delikt sein, haben wir kaum mehr einen Schutz vor Vergiftung, Verstrahlung, Mangelernährung u. a.)

Abdeckeln bei Behörden

Im Official Secrets Act ist in Großbritannien geregelt, worüber Staatsangestellte reden dürfen. Über Dienstsachen pauschal jedenfalls nicht.

In England sammeln Forschungsinstitute, die den Ministerien angegliedert sind, alle BSE-Daten. Andere Forschungseinrichtungen besitzen keine vollständigen Daten. Die an den Forschungsinstituten angestellten Wissenschaftler dürfen nicht frei veröffentlichen.

Die korrekten Zahlen zu BSE, Scrapie und CJD, insbesondere zur Anzahl von Kranken (ob Rinder, Schafe oder Menschen), sind also nur bei staatlichen englischen Stellen abzufragen. Daß man sie erhalten wird, muß bezweifelt werden, denn sie müssen selbstverständlich in die englische Exportpolitik hineinpassen. Es ist also müßig zu fragen, ob sich die Kommission des britischen Landwirtschaftsministeriums 1988 aus Unkenntnis, aus Versehen oder aus Absicht mit ihrer Prognose zu den künftigen BSE-Zahlen so sehr verschätzt hat: mit 17 000 bis 20 000 Fällen bis zum

Ende der Epidemie wurde gerechnet – nur zwei Jahre später waren es nachgewiesenermaßen bereits 80 000, bei weiter anschwellender Krankenflut und einem nicht abzusehenden Ende der Epidemie. Im Frühjahr 1995 hatten sich die Zahlen auf 140 000 infizierte Rinder summiert, bei einer möglichen Dunkelziffer von weiteren 360 000.
Dennoch werden EU-Vorschriften zum Rinder- und Rindfleischexport auf der Basis britischer Statistik erlassen.
In Deutschland gibt es keine analoge Bestimmung für Wissenschaftler an staatlichen Institutionen. Aber es gibt, z. B. im Kreis Segeberg (zuständig für den Schlachthof Bad Bramstedt) eine Dienst- und Geschäftsanweisung mit einer »Presseklausel« (Presseinformationsrecht), die – staatlich sanktioniert – Angestellten des Kreises untersagt, sich an die Presse zu wenden. Im Konfliktfall ist daher automatisch der Landrat im Recht. De facto haben wir also auch in Deutschland wirksame Maulkörbe.
Darüber hinaus gibt es staatliche Institutionen, die Informationen zurückhalten.
1991 wurde ein Rind in Deutschland der BSE verdächtigt; die Diagnose wurde in England histologisch bestätigt. Das Bonner Landwirtschaftsministerium bezweifelte das Ergebnis und schwieg den Fall laut *Spiegel* tot (2).
Am 21. 2. 1992 verendete in Schleswig-Holstein ein schottisches Hochlandrind an Symptomen, die sehr BSE-verdächtig waren. Am 2. März 1992 schon wurde durch den Münchner Experten die Verdachtsdiagnose des aufmerksamen Tierarztes bestätigt. Aber das Bundeslandwirtschaftsministerium erkannte die Diagnose nicht an; darum wurde ein Tierversuch mit Mäusen angeschlossen, dessen positives Ergebnis sich zwei Jahre später nicht mehr verheimlichen ließ und dann bekanntgegeben werden mußte.
Seither gibt es keine bekanntgewordenen, ursprünglich totgeschwiegenen Fälle von BSE mehr.
Oder ist die Technik des Verschweigens verbessert worden? Die Vorkommnisse in Bad Bramstedt sprechen für zunehmend enger geflochtene Maulkörbe.
Und im Rückblick muß man feststellen, daß nur durch das zufällige Zusammentreffen eines diagnosewilligen Tierarztes mit einem diagnosewilligen Pathologen – bei einem Hobbyrind eines Hobbyzüchters – der Verdacht auf BSE überhaupt aufkommen und bestätigt werden konnte. Deshalb wirft dieser Fall kurzfristig ein gleißendes Licht auf die im dunkeln liegende BSE-Rindfleischszene.

Wir bekommen im übrigen auf geradezu bestürzende Weise die hohe Infektiosität des Erregers bestätigt: außer diesem einen sind noch zwei weitere Hochlandrinder aus dem gleichen Importkontingent als BSE-krank bestätigt. Schottische Hochlandrinder sind als besonders genügsam bekannt; sie weiden in ihrer Heimat auf kargen Weiden, gewissermaßen als Sparmodell eines Rindes und in bezug auf Milchleistung alles andere als Turbokühe. Es ist deshalb kaum wahrscheinlich, daß die in Deutschland erkrankten Tiere in England über längere Zeit Hochleistungsfutter erhalten haben. Die Rinder müßten sich infolgedessen schon innerhalb kürzester Zeit infiziert haben.
Insgesamt ist es äußerst unwahrscheinlich, daß wir in Deutschland trotz des jahrelang eingeführten infektiösen Futters eine derart niedrige Erkrankungsrate haben sollen. Für den Chor derer, die die Kenntnisse über BSE-Vorkommen gewaltsam unterdrücken möchten, sind die BSE/Scrapie-kranken Strauße im nordwestdeutschen Raum sicherlich eine Art Betriebsunfall gewesen.

Angst bei der Presse?

Nachweisen läßt sich diese Angst kaum, denn gewöhnlich drückt sich Angst im Unterlassen von etwas aus, bei der Zeitungspresse also von Artikeln, die eigentlich und um der Sache willen geboten wären.
Angstfreiheit gibt es vermutlich nur bei wenigen großen überregionalen Zeitungsverlagen, die sich jedes auch brisanten Themas annehmen. Anders sieht es bei Landes-, Gebiets- oder Stadt-Zeitungen aus. Sie können es sich finanziell nicht leisten, in Prozesse mit Großkonzernen verwickelt zu werden, und verzichten zuweilen aus diesem Grund auf die angemessene Darstellung und Kommentierung von Fakten.
Im folgenden das Beispiel eines nicht veröffentlichten Gastkommentars zur oben geschilderten Entlassung der Fleischbeschautierärztin Frau Dr. Herbst.

Fleischbeschautierärztin fristlos entlassen
Mal wieder zum Schaden der Verbraucher

Der Verbraucher ist Auftraggeber der Fleischhygieneämter des Landes. Zur Wahrung seiner Gesundheit überprüfen in den Schlachthöfen Tierärzte und

Fleischbeschauer lebende und geschlachtete Schlachttiere auf Genußtauglichkeit. Sie tun dies als haupt- oder nebenberufliche Angestellte der Fleischhygieneämter, wobei sie in keiner Abhängigkeit zum Betreiber des Schlachthofs stehen. Das Amt bestimmt, wer eingesetzt wird und wie häufig, und entsprechend unterschiedlich ist die Bezahlung. Auf unbequeme Tierärzte kann daher durchaus über die Beschäftigungszeit Druck ausgeübt werden.
Als untauglich ausgemusterte Schlachttiere bringen dem Schlachthof finanzielle Verluste. Es geht um viel Geld, in erster Linie das des Schlachthofbetreibers.
Erklärbar also, daß wiederholte Beanstandungen von drei Tierärzten des Schlachthofs Bad Bramstedt an vorhandenen Mängeln der Schlachthygiene intern zu versickern schienen. Merkwürdig aber, daß der Kreis Segeberg, der Arbeitgeber, trotz der angemahnten Mängel nicht reagierte. Bis die drei mutigen Tierärzte sich um des Verbrauchers willen an die Öffentlichkeit wandten.
Die Folge: eine Abmahnung und eine fristlose Entlassung, ausgesprochen vom Kreis Segeberg, ganz abgesehen von einer Anklage wegen Kreditgefährdung (Geschäftsschädigung) durch die Nordfleischzentrale an die Adresse der entlassenen Tierärztin.
Es ist kaum zu fassen, daß es zur Ausübung normaler tierärztlicher Pflichten auf dem Schlachthof der Zivilcourage bedurfte. Erschreckend aber vor allem, daß Zivilcourage im Konsens zwischen Behörde und Industriekonzern derart geahndet wird.
Der Verbraucher wird sich des Hintergedankens nicht erwehren können, daß auch anderswo mit einer stromlinienförmigen Fleischbeschau zu rechnen ist. Und welcher Tierarzt würde es unter solchen Bedingungen noch wagen, den Verdacht auf besonders unpopuläre Erkrankungen, wie z. B. Rinderwahnsinn, auszusprechen? Neben den drei Tierärzten sind in dieser Angelegenheit deshalb die Verbraucher die Verlierer. Man muß sich über den fortschreitenden Vertrauensverlust nicht wundern.

Dr. med. vet. Kari Köster-Lösche

Soweit es um solche überregionalen Themen geht, muß der Leser einer kleineren Zeitung wohl grundsätzlich damit rechnen, daß die Informationen im Sinne der spezifischen Klientel gebracht werden. Diese werden also stets nur einen bestimmten Ausschnitt der Wahrheit erfassen, wahrscheinlich tendenziös und im schlimmsten Fall wahrheitswidrig berichten.

Publicitysucht oder Besorgnis?

Eines steht fest: Diejenigen, die unermüdlich wegen der Gefahren durch BSE warnen, tun dies in aufrichtiger Besorgnis. Vor allem tun sie es auf der Basis ihrer Erkenntnisse; dabei ist zu berücksichtigen, daß es in Deutschland nur wenige Fachleute gibt, die sich vertieft mit BSE befassen.

Als Fachleute auf dem Schlachthof oder als Wissenschaftler oder als sachkundige Verbraucher befinden sie sich, sofern sie auf die Gefahren hinweisen, meist sehr schnell in einer Außenseiterposition und werden angefeindet. In der Regel ist es nicht angenehm, offen oder versteckt angefeindet zu werden.

Aus verschiedenen anderen Sparten der Wissenschaft ist bekannt, daß Wissenschaftler mit einer nicht opportunen Meinung von den Kollegen ausgegrenzt und via Presse disqualifiziert, innerhalb der Hochschule diffamiert und von Bewerbungen ausgeschlossen, die eigenen Mitarbeiter als drittklassig abgestempelt, Geldmittel und Geräte vorenthalten werden. Im Bereich der Arzneimittelforschung geht die persönliche Haftung für eine nicht verschwiegene Meinung bis zur Anklage um hohe Geldwerte. Häufig werden solche gezielten Disqualifizierungskampagnen auf Rechnung von interessierten Wirtschaftskreisen durchgeführt.

Es ist deshalb gar keine Frage, daß es einfacher ist, in den großen Chor der Abwiegler öffentlicher Gefahren einzustimmen.

Hinzu kommt für die Warner eine geradezu unendliche Arbeit, um Fachwissen und Nebendetails parat zu haben für die vielen Angriffe, mit denen sie überschüttet werden. Keine Nennung in Zeitungen oder Anwesenheit in Talk-Shows wiegt alle diese Probleme und Schwierigkeiten bis zum Arbeitsplatzverlust auf.

Von Publicitysucht auf der Seite der Warner vor Gefahren kann deshalb gar nicht die Rede sein.

Soviel zur Verteidigung all derjenigen, die wider den Stachel löcken.

Leitfaden für den Verbraucher

Wie wahrheitsgemäß sind Beteuerungen?

Die wenigsten Verbraucher haben die Möglichkeit, sich ein eigenes Rind zu halten und kontrolliert zu füttern. Sie sind in der Regel also auf die Beteuerungen von Schlachter und Marktkette angewiesen, die ihnen die Unbedenklichkeit des Fleisches mündlich bestätigen.

Daß das Personal dies auf Anordnung ohne eigentliches Wissen tut, versteht sich von selbst – sie können es nicht wissen, bei der großen Marktkette noch weniger als beim ländlichen Schlachter. Es ist also prinzipiell sinnlos zu fragen – man schiebt lediglich die Verantwortung auf andere ab.

Zuweilen werden auch Erklärungen abgegeben, die Sicherheit lediglich suggerieren. Im Juni 1994 gab z. B. die Norddeutsche Fleischzentrale an ihre Großkunden unter dem Titel *Garantieerklärung* folgende Information aus:

Sehr geehrte Damen und Herren, hiermit erklären wir Ihnen gegenüber, nur Rindfleisch zu liefern, das in Schleswig-Holstein aufgezogen und geschlachtet wurde.

Indirekt wird zugegeben, daß die Rinder durchaus nicht in Schleswig-Holstein geboren sein müssen, sondern aus Ankäufen aus ganz Europa stammen könnten; der Käufer wiegt sich in Sicherheit. Wir wissen aber, daß die Phase kurz nach der Geburt am gefährlichsten für die Infektion ist. Insofern könnte ein importiertes Rind infiziert sein, auch wenn es in Schleswig-Holstein aufgezogen wurde. Diese Garantieerklärung ist im Sinne des Verbraucherschutzes also nur eine scheinbare.

Der ländliche Schlachter kann möglicherweise mit gutem Gewissen nachweisen, bei welchem Landwirt er das Rind gekauft hat, aber auch er ist auf die wahrheitsgemäße Antwort angewiesen, daß das Tier im eigenen Betrieb des Landwirts geboren und aufgezogen wurde. Danach ist man dann bei der Frage nach dem Futter angelangt.

Welcher Landwirt aber könnte seine Hand für die Unbedenklichkeit des Futters ins Feuer legen? Er kauft es in der Regel bei seiner Genossenschaft und kann auf der Verpackung allenfalls die Zusammensetzung der Bestandteile ablesen. Keine Angaben befinden sich darauf, wo es gemischt wurde und wo die Rohbestandteile bezogen wurden.

Die Vertrauensfrage des Verbrauchers geht deshalb an die falsche Stelle. Gesichert müßte vor allem sein, daß der Futtermittelhersteller keine unkontrollierten Rohmaterialien verwendet. Dieses aber ist völlig unmöglich, denn der Futtermittelhandel ist weltweit, und niemand kann dafür garantieren, daß darin nicht kontaminiertes englisches Futter eingemischt ist. Ein Beweis für die Internationalität des Futtermittelmarktes ist die bei uns seit Jahren beobachtete Verseuchung des Futters für landwirtschaftliche Nutztiere mit nichteuropäischen Salmonellentypen aus Afrika und Südamerika (die wiederum auch uns Verbrauchern Kummer bereiten).

Gerade die außerordentliche Bedeutung des Futters darf über die Herkunftsnachweise bei der Infektion der Rinder mit der spongiformen Hirnerkrankung deshalb nicht vergessen werden.

Hinzu kommt die Frage nach dem Wahrheitsgehalt solcher Beteuerungen überhaupt. Wie hergezaubert scheinen plötzlich die Hinweise in Restaurants auf die südamerikanische Herkunft des Rindfleisches; es wäre einen Vergleich zwischen nachweislich importiertem südamerikanischen Fleisch und verkauftem wert. Vermutlich würden die verkauften die importierten Mengen bei weitem übersteigen. Bei genauer Untersuchung würde sich außerdem möglicherweise herausstellen, daß manche der durchaus in Südamerika eingeflaggten Frachter lediglich englisches Fleisch einmal um Irland herum verschifft haben.

Der Verbraucher hat also wenig Anlaß, an die wahrheitsgemäße Deklaration von Waren zu glauben. Auch Bio-Eier gibt es weitaus mehr, als Deutschlands freilaufende Hühner je legen könnten. Es scheint so, als ob Gesetzeslücken grundsätzlich eine Menge krimineller Energie freisetzten.

Ein kleiner Test der Zeitschrift *Focus* (5) bewies hinreichend, daß auch deutsche Gastronomen durchaus bereit waren, um des niedrigen Preises willen Fleisch aus deklariert BSE-verseuchten englischen Betrieben zu ordern; gleichzeitig plauderten die Angestellten dieser Gastronomen das Blaue vom Himmel herunter über das strenge Überwachungssystem an Grenzen und anderswo und die daraus sich ergebende Sicherheit ihrer Speisen.

Auch die Selbstverpflichtungserklärungen des Fleischerhandwerks und der Handelsketten dahingehend, daß sie englisches Rindfleisch nicht

einkaufen werden, sind nicht besonders vertrauenerweckend. Gedacht sind sie zur Beruhigung der Verbraucher nach Freigabe der Importe für Fleisch von nach dem 1. 1. 1992 geborenen Tieren.
Solche Selbstverpflichtungserklärungen des Handels hat es nach Auslaufen der Bundesverordnung für die Eierkühlung ab dem 18. Tag nach dem Legen ebenfalls gegeben. Die Salmonellen-Vergiftungen (häufig mit Todesfolge) stiegen daraufhin in einem derart erschreckenden Ausmaß an, daß die alte Dringlichkeitsverordnung zur gesetzlich vorgeschriebenen Kühlung erneut erlassen werden mußte und nun beibehalten wird.
Es wird vermutlich nicht lange dauern, bis die im Februar 1995 durch die schleswig-holsteinische und Hamburger Fleischwirtschaft unterschriebene »Verpflichtungserklärung«, in der diese auf Rindfleisch britischer Herkunft verzichtete, unterlaufen wird. Ohnehin weiß kaum ein Verbraucher, daß wir auch mit englischem Schweinefleisch, das ja ebenfalls gefährlich sein könnte, versorgt werden (in Hamburg wurde z. B. im Frühjahr 1995 an Großverbraucher englischer Schweinenacken offeriert). Und das, obwohl wir mit deutschen Schweinen hinreichend versorgt sind (!).
In die Kategorie danebengegangener vertrauenerweckender Maßnahmen gehört auch ein aufgedeckter Betrug mit dem Gütesiegel »Hergestellt und geprüft in Schleswig-Holstein«: Im Mai 1995 wurde bekannt, daß auf der Grünen Woche in Berlin echte schleswig-holsteinische Schinken mit Gütesiegel verlost worden waren. Nur stammten die – über drei verschiedene Händler bezogenen – Schinken aus Holland; bei einigen war der Holland-Stempel noch erkennbar, bei anderen war er aus der Schwarte geschnitten worden.
Leider muß man also feststellen, daß Hersteller oder Verarbeiter nur zu leicht bereit sind, eine Qualität von Nahrungsmitteln zu versprechen oder zu bezeugen, die genaugenommen gar nicht vorhanden ist. Es gelingt ihnen, weil die Verbraucher sehr leichtgläubig sind – es ist eben auch für Verbraucher der leichtere Weg.

Unverdächtiges Fleisch wählen

Solange das Rindfleisch nicht sicher »gemacht« werden kann, sollte man von jeglichem Rindfleisch Abstand nehmen. Rindfleisch ist nicht von solch einmaligem Nährwert, daß wir nicht darauf verzichten könnten, bis es wieder sicher geworden ist. Wozu aber soll man raten?

Unbelastete Tierarten?

Die Gewähr für gesundes Fleisch muß grundsätzlich daran scheitern, daß unbekannt ist, wieviel englisches Futter über Drittländer in Umlauf auch in Deutschland ist. Fest steht jedenfalls, daß das gefährliche Futter in alle Welt verkauft wird.

Im Tierexperiment sind Schweine infizierbar. Sie könnten nach der Fütterung mit englischem Futter den Erreger also in sich tragen, ohne krank zu sein, eben weil sie noch zu jung sind, um bereits Krankheitssymptome ausgebildet zu haben.

Die Anfälligkeit von Geflügel und Fischen für die Infektion ist noch unbekannt; die Möglichkeit des Futterimports ist genauso gegeben wie für Schweine. Daß Strauße erkrankten, beweist hinreichend die Anfälligkeit von Vögeln.

Das Risiko läßt sich aus unseren dürftigen Kenntnissen bezüglich spongiformer Hirnerkrankungen bei all diesen Tierarten kaum abschätzen. Vorsichtshalber sollte man Innereien nicht essen – die Belastung einiger Innereien mit Umweltgiften, Chemikalien, Medikamenten etc. gebietet ohnehin den Verzicht darauf.

Von aus den USA und Kanada importiertem Wildfleisch muß man abraten. Niemand kennt den Durchseuchungsgrad der dortigen Bestände. Über BSE bei Wild europäischer Herkunft ist überhaupt nichts bekannt; jedoch gab es bereits Verdachtsfälle für spongiforme Hirnerkrankungen in deutschen Tierparks bei einem Rentier und zwei Mufflons (N. N.). Das läßt zwei Möglichkeiten offen: Entweder war der Erreger im verfütterten Futter in großen Mengen vorhanden, oder diese Wildwiederkäuer sind besonders empfänglich.

Schaf- und Lammfleisch deutscher Herkunft sind sicherlich völlig frei von Scrapie; diese Sicherheit bringt unser strenges Hygienegesetz mit sich. Insbesondere die Salzweidenlämmer aus Nordfriesland dürften so frei von Erregern sein wie nur irgend möglich.

In Neuseeland wurde Scrapie ebenfalls ausgemerzt. Von Schaffleisch anderer Herkunft ist abzuraten; insbesondere dürfte englisches Schaffleisch grundsätzlich verdächtig sein. Als Verbraucher muß man sich also angewöhnen, die Etiketten auf den tiefgefrorenen Lebensmitteln genau zu prüfen und entsprechend auszuwählen.

Wie sicher ist Fleisch mit Gütesiegel?

Ja, wer weiß? Tatsache ist, daß der Sprecher des Fleischkonzerns nach dem Bericht der drei oben erwähnten Tierärzte über die mangelnde Hygiene im Schlachthof von Bad Bramstedt öffentlich versicherte, daß *nur gesundes und hygienisch einwandfreies Fleisch* aus dem Schlachthof herausgegangen sei (3). Nicht tatsächlich vorhandener, jedoch suggerierter Beweis: Der Schlachthof besitze seit kurzem das Prüfsiegel der *Centralen Marketing Gesellschaft der Deutschen Agrarwirtschaft mbH* (CMA).
In der Untersuchung, die dem Vorwurf der Tierärzte folgte, wurden die unhygienischen Zustände bestätigt; und die CMA stritt kurz darauf energisch ab, daß der Schlachthof das Siegel bereits erhalten habe, und kündigte eine weitere Überprüfung nach Nachbesserungen in der Schlachthofhygiene an.
Angesichts einer solchen Aussage eines Fleischkonzernsprechers dicht an der Wahrheit vorbei, muß man leider vermuten, daß dies kein Einzelfall ist. Wie in der Politik auch wird nur zugegeben, was hieb- und stichfest bewiesen werden kann, und auch erst dann.
Deshalb ist die gute Fleischqualität weiterhin Vertrauenssache. Es bleibt abzuwarten, ob die Bundesländer bzw. Agrarorganisationen die Sache in den Griff bekommen. Augenmerk muß dabei nicht nur auf die Abstammung, sondern vor allem auf die einwandfreie Fütterung der Rinder gelegt werden.
Prinzipiell aber ist der einzig gangbare Weg, englisches Fleisch zu vermeiden, der über die Prüfsiegel, vor allem über „Biofleisch". Man muß sich jedoch im klaren sein, daß Prüfsiegel nur die Herkunft, nicht die Erregerfreiheit bescheinigen können.
In den folgenden Jahren werden wir uns darüber hinaus Gedanken machen müssen, wie die Umfälschung billigen Fleisches entdeckt werden kann.

Maßnahmen in der Küche

Wenn man vorsichtig sein will, sollte man Fleisch vor der Verwendung kurz abspülen. Durch Kochen und Braten (10 Minuten bei 100 Grad) reduziert man die Erregermenge um den Faktor 1000. Der Dampftopf (bei Kochstufe 2: 0,8 bar, 116 Grad) ist noch etwas effektiver. So die Aussage eines Robert-Koch-Institut-Mitarbeiters in der Wiesbadener Fachzeitschrift *Medical Tribune,* zitiert nach der *Bildzeitung* (4). Diese Empfehlung kommt etwa der in den 60er Jahren von Staatsorganen der Bundesrepublik Deutschland ausgegebenen Schutzmaßnahme gegen Atomstrahlen gleich: *Aktentasche über den Kopf halten.*

Viel sicherer nämlich als die Frage, ob und wer sich an verunreinigtem Fleisch anstecken könnte, ist die Kenntnis, daß das BSE-infizierte Fleisch durch gewöhnliche Maßnahmen in der Küche nicht in einen ungefährlichen Zustand gebracht werden kann. Weder durch Kochen, Braten, Einlegen in Essig noch Mikrowelle oder anderes. Die obige Empfehlung wiegt den Verbraucher deshalb in trügerischer Sicherheit. Bei dem Erreger, der die spongiformen Hirnerkrankungen verursacht, handelt es sich eben nicht um eine Salmonellen-Bakterie, gegen die man sich durch Sorgfalt schützen kann.

Es beruhigt nicht im geringsten, daß derselbe Forscher des Robert-Koch-Institutes versichert, es sei eine relativ große Erregermenge nötig, um den Menschen krank zu machen. Aus demselben Hause kommt der Verdacht, daß der Erreger sich im Gehirn vermehrt – so lange, bis die ausgefallenen Bereiche groß genug sind, um als klinische Symptome bemerkt zu werden. Ist es denn ein Trost, bei einer kleinen Infektionsdosis erst mit eventuell 55 Jahren zu erkranken, während man mit einer großen Dosis schon mit 40 Jahren die Demenzerscheinungen haben könnte?

BSE- und Scrapie-Freiheit sind keine Frage der Sorgfalt des Verbrauchers, das sei hier noch einmal deutlich betont. Der Erreger muß unter allen Umständen aus der Küche herausgehalten werden! Wenn dies den Gesetzgebern aller Länder, der EU und vor allem dem englischen Staat nicht gelingt, kann uns nichts vor der möglichen Gefährdung bewahren.

Gelatine ist ein weiterer zweifelhafter Bestandteil vieler Nahrungsmittel. Ob Fisch in Aspik, Tortencremes, Wackelpudding oder Gummibärchen – sie enthalten Gelatine aus Knochen und Tierhäuten, gewonnen in Abdeckereien. Auf den Lebensmitteln wird nicht deklariert, ob die Gelatine vom Schwein oder vom Rind stammt. Gummibärchen für den Export in arabische Länder allerdings muß man meiden: sie enthalten nur Rindergelatine. Bisher wurde nicht überprüft, ob die technischen Verfahren zur Gewinnung des Kollagens, des Gelatinegrundprodukts also, ausreicht, um eventuelle Erreger abzutöten. Sofern eine mehrstündige Laugenbehandlung angewandt wird, ist anzunehmen, daß der Erreger inaktiviert ist. Allerdings wird das Kollagen nicht in allen Ländern mit Lauge extrahiert; ausländische Produkte sind daher zu vermeiden.

Brühwürfel, Fleischextrakte und Würzen auf tierischer Basis sind Lebensmittelzutaten, die auf der Basis von Rindfleisch hergestellt werden. Die Herkunft der Rohstoffe muß nicht deklariert werden, genausowenig wie die von Fertiggerichten. Sicherheitshalber sollte man darauf verzichten. Pflanzliche Würzen mindern das Eßvergnügen nicht.

Bei allen Produkten, die Rindfleisch enthalten, z. B. auch Wurstwaren, ist es eine Vertrauensfrage, ob verdächtige Rohstoffe verwendet werden. Wer nicht ganz sicher ist, kann sie z. T. meiden, denn das Rindfleisch ist meistens deklariert. Ausdrücklich nicht muß es in manchen Mischwürsten deklariert werden, die auch ohne Kennzeichnung Rinderinnereien enthalten können, ebenso z. B. Leberkäse, Gelbwurst und Kümmelwurst. Markklöschen, Bries, Leber, Nieren und Milz vom Rind sollte man in jedem Fall meiden.

Säuglingsnahrung. Englische Säuglingsnahrung dürfte genauso mit dem Erreger verunreinigt sein wie alle anderen englischen rindfleischhaltigen Lebensmittel. Auf der Säuglingsnahrung deutscher Hersteller wird seit März 1994 vermerkt, daß das verarbeitete Rindfleisch aus BSE-freien Beständen stammt. Jedoch: wie sicher ist diese Beteuerung unter den Bedingungen des europäischen Vieh- und Fleischhandels? Sicherer wäre allemal, die Kinder derzeit ohne Rind- und Kalbfleisch zu ernähren.

Wie schützt man sich vor infizierten Nicht-Lebensmitteln?

Verdächtiges vermeiden. Das ist die einzige Möglichkeit.
Das erfordert Nachdenken und Sorgfalt jedes einzelnen, denn gesetzliche Maßnahmen hinken, wie immer, weit hinterher.

Besonders zu nennen sind Hilfsmittel in Lebensmitteln, bei denen man nicht sofort an Rinderprodukte denkt (s. oben). Bei Kosmetika wäre es angebracht, die Hautpflegemittel für Jugendliche mit Akne etc. sehr sorgfältig auszusuchen. Meiden Sie lieber Wollfette, Lanolin u. a. Am besten lassen Sie sich in der Drogerie beraten, um Basisstoffe von Rind und Schaf zu umgehen. Andernfalls bestehen Sie auf Produkten aus garantiert Scrapie/BSE-freien Beständen: die Industrie wird sich auf das Verlangen des Käufers einstellen.
Jugendliche und junge Erwachsene sollten sich besonders vorsehen vor Kraftcocktails und dergleichen mehr, die verkauft werden, um das Muskelwachstum anzuregen. Sie enthalten zumeist undefinierte Gemische von hormonproduzierenden Drüsen aus menschlichen Leichen oder anderen inneren Organen verschiedener Tierarten. Nutzlos, wie sie sind, können sie darüber hinaus lebensgefährliche Mischungen von CJD-, BSE- und Scrapie-Erregern enthalten.

Wie verläßlich ist staatliches Handeln bei gefährlichen Seuchen?

Am Beispiel Pest, Cholera und, und …

Seit Jahrtausenden haben wir mit Seuchen zu kämpfen. Solange eine Seuche in ihrer Art neu ist, wird sie von den Menschen als gefährlich, unberechenbar und unverständlich empfunden. Das ist heutzutage gegenüber BSE nicht anders als vor 650 Jahren gegenüber der Pest.
Schon immer zeigte sich, daß wir Seuchen dann am besten bekämpfen können, wenn wir den Erreger kennen. Eine ausreichende und spezifische Gegenwehr ist, mit anderen Worten, erst dann möglich, wenn die Art des Erregers (Wurm, Protozoe, Bakterie, Virus) erkannt ist, wenn wir den Übertragungsweg, den Ablauf der Infektion und die Gegenwehr im infizierten Menschen (oder Tier) begreifen. Die wissenschaftliche Untersuchung des Erregers ist darum die zweckmäßigste Gegenwehr.
Für den einzelnen Menschen – da er die Ursache meistens nicht erfuhr oder nicht verstand – war immer die Flucht zweckmäßig: ob vor der Ratte, die den Floh transportierte, in dem das Pestbakterium lebte, oder vor dem choleraverseuchten Wasser, vor der Sumpfgegend mit der Malariamücke oder vor der Stadt, in der die Pocken ausgebrochen waren, oder – um es etwas moderner einzukreisen – vor der Altreifenhalde, in deren Wasserpfützen die Gelbfiebermücke lebt. Oder, oder …
Man kann es auch anders ausdrücken: Am gesündesten für den einzelnen war und ist eine Vermeidungshaltung. Wer dem möglichen Erreger ausweicht, kann einer Krankheit entgehen. Vor allem in Zeiten, in denen man sonst kaum etwas über die Ursachen weiß.
Sobald die näheren Umstände der Infektion erforscht sind, kann man es sich leisten, großzügiger zu sein, sofern es Gegenmittel gibt, wie bei bakteriellen Infektionen. Gegen Viren ist heute noch kaum ein Kraut gewachsen. Auch fast zwei Jahrzehnte nach Beginn der Aids-Epidemie kann ein an Aids erkrankter Mensch nicht geheilt werden. **Es bleibt deshalb dabei: Umgehen Sie die Ursachen. Meiden Sie eventuell infiziertes Fleisch.**
Gegenüber staatlichen Zwangsmaßnahmen bei Infektionen ist dagegen seit altersher Vorsicht geboten, solange das wissenschaftliche Wissen lückenhaft ist. Es kann nämlich sein, daß diese völlig danebengehen:

unzählige Pesttote und Choleratote hatten Regierungen bzw. Obrigkeiten vergangener Zeiten zu verantworten, weil sie die Menschen einsperrten. Noch in diesem Jahrhundert wurde leprakranken Kindern in Deutschland der Schulbesuch verwehrt – obwohl sie wahrhaftig niemanden angesteckt hätten. Unter dem Vorwand der Unhygiene sperrten Obrigkeiten Hunderte von öffentlichen Bädern, als die Syphilis Anfang des 16. Jahrhunderts als schnell tödliche Seuche wütete; dabei war Schmutz schon immer ein Motor von Infektionen. Und die englischen Kolonialherren versuchten Ende des 19. Jahrhunderts gar, die vor der Pest geflohenen Inder nach der Desinfektion der Häuser wieder dorthin zurückzulocken; das Bakterium kannten die Engländer, aber nicht den Floh und die Ratte.

Die Geschichte lehrt deshalb, daß Vorsicht geboten ist, wenn Staatsorgane ohne wissenschaftliches Hintergrundwissen Anordnungen im Zusammenhang mit gefährlichen Krankheiten treffen. Bei BSE sollte man also gegen die von Seehofer mit Hilfe der Dringlichkeitsverordnung erzwungenen Einfuhren von englischem Rindfleisch mißtrauisch sein.

Unterstützen lassen sich Staatsorgane nur zu leicht von nebulös formulierten wissenschaftlichen Theorien, die Erkenntnisse vorspiegeln, wo es keine gibt. Mehrere Jahrhunderte lang waren Wissenschaftler überzeugt von den *Miasmen* (Verunreinigungen), die die Ursachen der verschiedensten Seuchen sein sollten.

Im Mittelalter waren die Miasmen schuld an der Pest. Erst in diesem Jahrhundert verstanden wir, daß ihr Miasma die Ratte war. Noch im 19. Jahrhundert schienen die Miasmenanhänger bei der Erforschung der Cholera zu gewinnen. Erst als R. Koch – Gegner der Miasmentheorie – Vibrio cholerae gefunden hatte, wußte man, daß das Miasma ein Bakterium war.

Wofür auch immer solche Worte wie Miasma benutzt wurden oder werden: ein handfester Begriff läßt den Laien glauben, man wisse, was er beinhalte. Nur wer zugibt, daß er die Ursache nicht kennt und darum keine Bezeichnung für die Ursache hat, wird sich auf allen den Gebieten vorsichtig verhalten, wo er die Ursache vermuten muß.

Es könnte sein, daß derzeit das Wort *Prion* den uralten Begriff *Miasma* abgelöst hat.

Ein Wort mit undefiniertem Inhalt, ob Miasmen oder Prione, macht leider entweder sorglos, oder es verführt angesichts des Umfangs der Probleme zum Nichtreagieren. Besonders gefährlich aber ist es, wenn allein auf der Basis einer wissenschaftlichen Hypothese die Prione auflagenstark als ungefährlich für die menschliche Gesundheit bezeichnet werden (7).

Am Beispiel Aids ...

Seitdem die Wissenschaft Bakterien und Viren als Ursachen für Epidemien entlarvt hat, war Aids die erste weltumspannende Epidemie durch einen zunächst völlig unbekannten Erreger. Der zweite ist der Erreger spongiformer Hirnerkrankungen, dessen Gefahrenpotential für uns bis jetzt undurchschaubar ist, soweit es den Menschen betrifft.
Wir sind daher in der glücklichen Lage, aus dem Umgang mit dem Aids-Erreger die Richtigkeit behördlicher hygienischer Abwehrmaßnahmen überprüfen und sie in bezug auf BSE zum gegenwärtigen Zeitpunkt korrigieren zu können. Auf dem Prüfstand stehen hierbei vor allem die Politiker, denn ihre Aufgabe ist es, die Infektionserkrankungen über Gesetzesregelungen in die einschlägigen Gesetze einzubeziehen und damit die Bekämpfung erst zu ermöglichen.
In der glücklichen Lage? Was den Vergleich als solchen betrifft, ja.
Aber das Ergebnis ist alles andere als glücklich.
Im Jahr 1994 wurde der Öffentlichkeit ein Abschlußbericht des Aids-Untersuchungsausschusses des Bundestags vorgelegt, der ein helles Licht auf die gemeinsamen Versäumnisse von Staat und Industrie bei der Bekämpfung von Aids wirft.
Die Voraussetzung zur Bekämpfung war vorhanden:

- Die wissenschaftlichen Erkenntnisse zu den Gefahren durch Blutersatzmittel waren da.
- Die Industrie kannte das HIV-Risiko in ihren Blutprodukten.
- Die technischen Mittel, um den Erreger abzutöten, gab es.
- Die Fachleute des Bundesgesundheitsamtes wußten Bescheid.

Es war für die Industrie weder technisch unzumutbar, noch wäre es zu teuer geworden, den Erreger aus den Blutprodukten zu entfernen (sofern man das Argument der Kosten überhaupt akzeptieren will, wenn es um das Leben geht). Bereits 1981 brachten die Behring-Werke ein Gerinnungsmittel auf den Markt, in dem der Hepatitis-Erreger inaktiviert war – und mit ihm auch das HI-Virus.

Daß das Risiko durch HIV bei den Fachleuten bekannt war, erfuhr der Untersuchungsausschuß durch ein pharmainternes, in den USA mühsam ausgegrabenes Papier aus dem Jahr 1983. Vor allem war es natürlich den Leitern und wissenschaftlichen Mitarbeitern von Einrichtungen, in denen Blutprodukte an Patienten verabreicht wurden, bekannt.
Trotz der späteren Gegenbeweise wurde stets von allen Beteiligten in der Öffentlichkeit behauptet, man habe erst ab Ende 1985 Schutzmaßnahmen gegen Aids ergreifen können.
Dies stimmt eben nicht.
Man kannte erwiesenermaßen die Aids-Gefahr auch im Bundesgesundheitsamt. Und tat nichts. Um nicht immer wieder mit Warnungen konfrontiert zu werden, wurde eine Mitarbeiterin, Professorin und spezialisiert auf Aids, sogar aus ihrer Position entfernt, maulkorbwirksam versetzt zu einem Aids-neutralen Thema.
Geahndet wird dieses Verbrechen an zahllosen Menschen nicht mehr werden: es sind zu viele daran beteiligt, die alle miteinander vermeiden möchten, zur Rechenschaft gezogen zu werden.
Außer diesem innerhalb der Aidsproblematik sehr spezifischen Problem der HIV-verunreinigten Blut- und Blutersatzprodukte hat sich auch die übrige Aidsbekämpfung als sehr fragwürdig erwiesen. Über Jahre bestand sie aus Plakaten und Spots im Fernsehen.
Politiker gaben dazu tröstliche und völlig frei erfundene Prognosen aus: *Eine allgemeine Gefährdung der Bevölkerung ist nicht gegeben,* sagte Heiner Geißler als Gesundheitsminister und warf dem Spiegel Panikmache vor. Rita Süssmuth gab als Gesundheitsministerin die Schätzung heraus, daß nur *5–15%, höchstens 20% der Infizierten Aids* auch entwickeln würden. Die Fachleute sprachen gleichzeitig von 75%. Und auch diese Schätzung lag noch zu niedrig – vielleicht weil die Fachleute häufig selber Opfer ihrer Besorgnis werden, sie könnten Angst verbreiten.
Bis heute gibt es weder einen epidemiologischen Überblick über die Aids-Kranken noch eine gesetzliche Regelung der Vorsorge gegen Neuinfektionen im Umfeld von Aids-Infizierten. Auch hier sind die Politiker diejenigen, die Vorgaben zur Abhilfe schaffen müssen. Aber im Rahmen des allgemeinen Totschweigens der Aids-Gefahr geschieht nichts.
Ermöglicht wurde das Desaster bei der Aidsbekämpfung auf der Basis der vom Bundesgesundheitsministerium vorgegebenen politischen Einstellung zur Aids-Gefahr. Wer also sollte Verantwortlichkeit beweisen, wenn nicht die Politiker? Und wer schützt uns Bürger vor Willkür, wenn die verantwortlichen Politiker nicht *wenigstens* mit ihrem Amt für ihre

Entscheidungen haften müssen? Aber die damaligen Gesundheitsminister Rita Süssmuth und Heiner Geißler schieden nicht aus ihren Ämtern, als der Skandal aufgedeckt wurde.

Beunruhigend sind die Folgerungen, die man als Bürger ziehen muß: Im Zweifel entscheidet eine Regierung zugunsten der Industrie. Im Vorfeld zu solchen Entscheidungen agieren die Lobbys, die die Möglichkeit haben, mit einem bestimmten Ziel zu antichambrieren, im Gegensatz zur übrigen Bevölkerung, die zwar eine Erwartungshaltung hat, aber kaum jemanden, der sie vertritt. Selbst bei allerschwersten politischen Fehlern mit Todesfolge muß sich in Deutschland ein Politiker nicht verantworten.

Wir müssen also voraussetzen, daß im Sinne des Gesundheitsschutzes normalerweise für die Bevölkerung nichts über das gewöhnliche Alltagsgeschäft hinaus getan wird. Das Agieren der Interessenverbände, das Fehlen von Konsequenzen bei politischen Fehlern sowie – im Schadensfall – die Hilfestellung durch die von finanzkräftigen Lobbys eingekauften Gutachter führen zu einer mächtigen Allianz von Industrie und Politik, gegen die der Bürger kaum eine Chance hat.

Beim Rinderwahnsinn registrieren wir bereits das gleiche Handlungsmuster wie bei Aids: Abwiegeln der Gefahr, Entlassungen der Warner und Antichambrieren der Lobbys (Verband Fleischmehlindustrie: Deutsches Tiermehl nicht diskriminieren, 8).

Sich wehren über Fleischboykott und Verbraucherschutzorgansiationen, vor allem: Öffentlichkeit

Ein Weg, sich gegen die mögliche Infektionsgefahr durch spongiforme Hirnerkrankung zu wehren, ist der Boykott in aller Stille. Niemand muß Rindfleisch essen, also kann man gut auf jegliches Fleisch dieser Tierart verzichten. Daß unverdächtiges Fleisch aus deutscher Produktion, vielleicht auch aus anderer, in die Verweigerung miteinbezogen wird, ist die Konsequenz der unverantwortlichen Vorgehensweise in England und Brüssel.

Das ist zwar bedauerlich, wird aber erfreulicherweise die finanziell Mitgeschädigten dazu anspornen, sich um eine »gläserne« Produktion zu bemühen. Dies ist im Rahmen der allgemeinen Hygiene im Umgang mit tierischen Lebensmitteln nur wünschenswert. Im Sog solcher Verbesserungsbestrebungen wird es vielleicht sogar möglich sein, auch die Infektionsgefahr durch einige andere gefährliche Krankheitserreger einzuschränken, wie z. B. durch Salmonellen und Kolibakterien.

Das reicht natürlich nicht aus, es schlägt sich allenfalls in Zahlenkolonnen und dem einen oder anderen Bericht im Wirtschaftsteil der Zeitung nieder.

Was angefacht werden muß, ist die Debatte in der Öffentlichkeit. Der Bürger muß mitreden, und zwar laut und so lange, bis zufriedenstellende Regelungen für unsere Gesundheit durchgesetzt sind. Wir dürfen nicht dem Staat die Fürsorge für seine Bürger auf allen Gebieten überlassen: zu oft hat sich gezeigt, daß er dieses Vertrauen mißbraucht.

Der Weg dazu führt von der Diskussion mit Nachbarn oder im Wartezimmer der Arztpraxis über die Begründung des Boykotts im Supermarkt und der Erkundigung nach Herkunft des Fleisches beim Fachmetzger bis zur Verbraucherschutzorganisation. Die Gründung von Gesundes-Fleisch-für-unsere-Kinder-Initiativen, Leserbriefe in Zeitungen, die Organisation von Vorträgen über die BSE-Gefahr in Schulen oder Kindergärten – es gibt unzählige Wege, das Problem öffentlich zu machen. Und zwar nicht als Panikmache, sondern zur Information. Die Erfahrung lehrt, daß die Presse willens ist, private Aktionen aufzugreifen. Im Schneeballsystem zieht die Information dann Kreise.

Der Weg über lokale Abgeordnete ist nach eigener Erfahrung Zeitverschwendung. Offenbar machen diese quer durch die Parteien die per-

sönliche Erfahrung, daß es der eigenen Karriere förderlicher ist, sich opportun zu verhalten. Am Anfang einer gefährlichen Entwicklung aber ist es immer opportun, sich bei der Mehrheit, den Abwieglern, aufzuhalten.
Zwar braucht der beschriebene Weg seine Zeit. Aber er funktioniert. Die gegenwärtig umfangreiche öffentliche Debatte über BSE in der ganzen Bundesrepublik nahm in Schleswig-Holstein ihren Anfang: mit einer Fleischbeschautierärztin, die sich weigerte, an den BSE-Verdachtsfällen vorbeizusehen, mit einem Kantinenchef, der seinen Kunden kein möglicherweise verdächtiges Fleisch vorsetzen wollte, und mit der Presse, die beides aufgriff. Alles andere machten die Verbraucher. Es ist beruhigend, daß Verbraucher soviel erreichen können.
Dagegen beunruhigt, wie wenig Positives Politiker zur Erhaltung unserer Gesundheit beitragen.

Ein Brief an Gesundheitsminister Seehofer

Dieser Brief an den Bundesgesundheitsminister wurde in tiefer Sorge um die von BSE möglicherweise ausgehende Gefahr für den Menschen geschrieben. Unzweifelhaft hat er den Nebeneffekt, daß allgemein bekannt wird, was der Gesundheitsminister spätestens zu diesem Zeitpunkt gewußt hat. Für alle Fälle …

Süderlügum, 26. 2. 1995

Sehr geehrter Herr Minister Seehofer,

Herr … dankt Ihnen für Ihr von Dr. … verfaßtes Schreiben und hat mich gebeten, Ihnen zu antworten. Ich werde zu Ihrem Brief Punkt für Punkt Stellung nehmen.

Ich stimme Ihnen zu, daß der Umfang des direkten Rindfleischimportes aus England derzeit nur gering ist: um so leichter sollte es fallen, um der Beruhigung der bundesrepublikanischen Bürger willen auf diesen Anteil zu verzichten.

Die Entscheidung der Kommission vom 14. 12. 1994 über die Erleichterung der Handelsbeschränkungen für Rinder, die nach dem 1. 1. 1992 geboren wurden, beruht offensichtlich auf Statistiken, die dem englischen Landwirtschaftsministerium entstammen. Diese Behörde ist nicht für eine objektive Wertung wissenschaftlicher Erkenntnisse über Seuchen zuständig, sondern für das Management des wichtigsten englischen Exportartikels: Fleisch in jeder Form. Unter dieser Prämisse sind m. E. die englischen Statistiken zu sehen.
Das Fütterungsverbot des kontaminierten Fleisch- und Knochenmehls hat bisher keineswegs zu einem drastischen Rückgang der BSE-Fälle geführt, wie die Engländer angeben. Im Jahr 1994 sind etwa 22 000 BSE-Fälle aktenkundig geworden – etwa die gleiche Anzahl wie 1991; im gleichen Zeitraum gab es in 1300 bis dahin BSE-freien Herden erstmals BSE-Fälle. Die verifizierten Fälle müssen außerdem unter dem Aspekt betrachtet werden, daß sehr wahrscheinlich schon von den bäuerlichen Betrieben her eine außerordentlich hohe Dunkelziffer herrscht; außerdem werden möglicherweise die sich im pathologisch-anatomischen

Bild neuerdings wandelnden jüngeren Fälle aus der Statistik »herausgerechnet«: Anmerkungen des englischen Mikrobiologen H. Narang lassen dieses befürchten.

Grundlage für die Befürchtung ist die Tatsache, daß Tiere mit BSE-Symptomen, aber ohne Vakuolen im Gehirn in den englischen Statistiken als negativ geführt werden. Es handelt sich möglicherweise um Tiere, die nicht mehr durch Schaf-Scrapie aus Scrapie-kontaminiertem Futter, sondern durch BSE ihrer BSE-kranken Mütter infiziert wurden. Wenn in England klinisch BSE diagnostiziert wird, herrschen gerade dort keine Zweifel, daß es sich in der Tat um BSE handelt; in England gibt es nämlich keine Tollwut, die sonst eine mögliche Differentialdiagnose wäre. Mit anderen Worten: die Symptome sind pathognomonisch wichtiger als die Vakuolen, wie wir auch aus den Tierversuchen wissen – aber die offizielle Statistik orientiert sich an den Vakuolen.

Zu den von Ihnen angegebenen BSE-Zahlen bei den Jahrgängen ab 1990 ist folgendes anzumerken: Erfahrungsgemäß bricht die Krankheit bei der Masse der Rinder im Alter von 4–5 Jahren aus, manche Angaben in der wissenschaftlichen Literatur sprechen auch von einer Inkubationszeit von 6–8, eine von 2–8 Jahren. Aufgrund der Angaben von Wilesmith und Wells ergibt sich dabei folgende Aufteilung: etwa 20–30% der infizierten Rinder erkranken im Alter von 4 Jahren, etwa 50% im Alter von 5 Jahren und die restlichen knapp 20% im Alter von 6 Jahren; nur wenige erkranken in jüngerem Alter. Daraus ergibt sich:

Die Masse der 1992 geborenen infizierten Rinder wird BSE-Symptome haben:

zu 20–30% im Jahr 1996
zu 50% im Jahr 1997
zu 20% im Jahr 1998

Aufgrund dieser epidemiologischen Erfahrungswerte gibt es keine wissenschaftliche Grundlage für das Votum der deutschen Vertreter, den Jahrgang 1992 für die Einfuhr freizugeben. Selbst bei den Rindern des Jahrgangs 1991 wird die Masse der Erkrankungen erst 1995 einsetzen – unter Berücksichtigung, daß die Geburten eines Jahrgangs ihr Maximum erst im Sommer haben, werden die meisten 1991 geborenen Rinder also ab den Sommermonaten 1995 an BSE erkranken. Zu den 1992 geborenen Rindern lassen sich bislang keine auf was auch immer begründeten Prognosen abgeben.

Ich stimme mit Ihnen völlig überein, daß das im Juli 1988 in Großbritannien erlassene Fütterungsverbot von Scrapie- und BSE-Erregerhaltigem Futter sich weniger in den absoluten Zahlen befallener Tiere äußert. Daß es sich im Jahrgang 1991 noch nicht voll und im Jahrgang 1992 überhaupt noch nicht geäußert haben kann, habe ich im vorigen Absatz erläutert.
Auch mir erscheint ein Rückgang der Seuche vorstellbar – aber zu diesem Zeitpunkt haben wir leider noch keine Anhaltspunkte, wann dieser einsetzen wird. Und da die Indizien darauf hinweisen, daß BSE außerdem nichtalimentär übertragen werden könnte, wächst die Gefahr für eine Durchseuchung der englischen Rinderherden noch. Sehr wahrscheinlich wird BSE endemisch werden wie Scrapie.

Eine Reihe von Merkmalen lassen nicht nur eine Verwandtschaft zwischen Scrapie, BSE und CJD vermuten: eine Menge Indizien bündeln sich vielmehr zu dem fürchterlichen Verdacht, daß es sich um den gleichen Erreger in unterschiedlichen Varianten handelt. Wir wissen, daß 14 Inder, die mit Scrapie-verunreinigter Tollwutvakzine geimpft worden waren (bis zu 20% der Schafherden des südlichen Himalaya-Gebietes, wo sich auch die Vakzine-Institute befinden, sind mit Scrapie kontaminiert), an der Creutzfeldt-Jakob-Krankheit starben. Ob die CJD-Epidemie (Kuru) im Volk der Fore durch den kannibalischen Ritus an einem CJD-Kranken, durch ein infiziertes Schwein oder durch ein Scrapie-krankes Schaf ausgelöst wurde, wissen wir nicht – aber die Tatsache, daß in manchen Dörfern bis zu 50% der Einwohner an Kuru starben, ist ein ausgesprochen deutlicher Hinweis auf die hohe Infektiosität des Erregers.
Wir haben außerdem die Berichte über die Fälle von CJD bei zwei Landwirten, die BSE in ihren Herden hatten – die Tatsache allein, daß sie im *Lancet* (unter Briefe an den Herausgeber) erschienen, ist ein deutlicher Hinweis darauf, daß englische (vom Staatsdienst unabhängige) Wissenschaftler den Zusammenhang zwischen beiden Erkrankungen für sehr konkret ansehen.
Dazu kommt die Häufung von CJD in den beiden slowakischen Bezirken – unter nicht besonders miteinander verwandten Menschen –, die sich aber vorwiegend mit Schafzucht befassen und als Metzger betätigen. Daß die Krankheit dort zu einem definierten Zeitpunkt Einzug hielt – und gleichzeitig Menschen unterschiedlichen Alters erfaßte –, genau wie bei den Fore in Neuguinea, spricht unter den gegebenen Umständen für eine Infektion.

Es ist außerdem belegt, daß Schaf-Scrapie durch natürliche Ansteckung auf andere Tierarten übergreift und in diesen als Ziegen-Scrapie, BSE, TME, CWD, FSE und Spongiöse Enzephalopathie in Hirschartigen bezeichnet wird. Diese unterschiedlichen Namen sind übrigens höchst unglücklich und verschleiern die Tatsache, daß es sich nachweislich um einen einzigen Erreger handelt. Die tierexperimentelle Übertragbarkeit auf die verschiedensten Tierarten vom Schimpansen bis zur Maus will ich nicht im einzelnen aufführen.

Insgesamt stellt sich deshalb die Spongiöse Enzephalopathie als eine Krankheit dar, bei der wir von der prinzipiellen Infektiosität für viele Tierarten und auch für den Menschen ausgehen müssen. Wir wissen nur noch nichts über die Dosis-Zeit-Beziehung und über den Zeitraum der höchsten Gefährdung – allerdings scheint sich aus einem Vergleich der Versuchstierdaten untereinander und mit Kuru bei den Fore zu ergeben, daß die Krankheit früher ausbricht, je früher die Infektion eintritt und je höher die Erreger-Dosis ist. (Möglicherweise sind z. B. zahnende Kinder, die mit dem Essen ein wenig herumschmieren und Schleimhäute von Nase und Augen kontaminieren, besonders gefährdet.)

Die epidemiologischen Kenntnisse über CJD sind bisher Mangelkenntnisse. Noch vor wenigen Jahren gingen auch in Mitteleuropa die Diagnosen von CJD und Alzheimer durcheinander. Daß es im übrigen in England eine hohe Dunkelziffer bei CJD gibt, ist durch die Veröffentlichung im *Lancet* belegt: 7500 bis 9000 Fälle pro Jahr sind ein Faktor von 200 gegenüber den offiziell aufgeführten 30–40 CJD-Toten.

Darüber hinaus wissen wir zuverlässig, daß es zahlreiche Möglichkeiten für Menschen auch in Scrapie-freien Ländern gibt, sich CJD zuzuziehen: durch Hormoninjektionen, Implantate, kontaminierte EEG-Sonden. Möglicherweise auch längst durch Eßgelatine oder Arzneikapseln, zudem auch durch Importfleisch, auf Reisen und so weiter. Insgesamt kann man epidemiologische Erkenntnisse ohne epidemiologische Untersuchungen nicht erwarten. Und keinesfalls darf man aus dem Fehlen epidemiologischer Kenntnisse eine andere Aussage herauslesen als die, daß man nichts zur Epidemiologie weiß.

Daß es zusätzlich auch eine erbliche Disposition für CJD (durch die belegte Mutation eines einzigen Gens) geben kann, halte ich für möglich. Dann aber ist man bei der Frage angelangt, wie die genetische Erbänderung denn eingetreten ist und ob nicht möglicherweise neben anderen Noxen wiederum auch das Virus am Anfang der Kette stehen könnte.

Auch nach den im deutschen Tierkörperbeseitigungsgesetz festgelegten Bedingungen können wir nicht sicher sein, daß alle BSE/Scrapie/Erreger inaktiviert werden: dies wurde unter Feldbedingungen noch nicht verifiziert. Vor allem wäre dieses zu überprüfen, wenn sich auch bei uns die Eingangszahlen von BSE-Erregern in den Tierkörperbeseitigungsanstalten erhöhten.
Desinfektion (mit Natronlauge) ist zwar möglich, allerdings nicht unter Küchenbedingungen, da stimme ich zu. Deshalb ist es auch um so wichtiger, den Erreger von vornherein aus der Küche herauszuhalten. Daß eine Desinfektion überflüssig sei, wie Sie schreiben, ist nicht richtig. Wir haben genügend Anhaltspunkte über Häufungen von CJD, die berufsbedingt zu sein scheinen: Neurochirurgen, Pathologen, Histologieassistenten – ganz gewiß Kontaktinfektionen, sofern es tatsächlich Ansteckung war. Wir kennen andererseits auch Häufungen bestimmter Infektionserkrankungen, die mit Fleisch oder Fisch im Zusammenhang stehen und in einschlägigen Berufen auftreten, wie Rotlauf bei Metzgern, Fischern, Tierärzten und Hausfrauen. Dabei tritt Erysipelothrix durch kleinste Hautverletzungen ein, die jeder, ohne es zu bemerken, hat. Deswegen müssen wir uns auch bei CJD fragen, ob nicht manche britische – epidemiologisch verdächtige – Fälle durch Kontakt z. B. mit den Schleimhäuten der Rinder zustande gekommen sein könnten. Daß die Epidemie bei den Fore durch Kontakt mit den Schleimhäuten zumindest mitbeeinflußt wurde, müssen wir durch die außerordentlich frühen Erkrankungen schon bei Vier- und Siebenjährigen vermuten.
Für die BSE-Forschung steht zu wenig Geld zur Verfügung. Auch haben wir in Deutschland zu spät damit angefangen. Gerade die Tatsache, daß wir nicht auf viele eigene Forschungsergebnisse zurückgreifen können, macht uns leider in der Argumentation den Engländern gegenüber wehrlos. Wir sollten daraus lernen, einen EU-gemeinsamen Forschungsfond zu etablieren, um neuartige Krankheitskeime, die bestimmt kommen und sich z. T. bereits ausbreiten (z. B. das Hantavirus), unabhängig von Wirtschaftsinteressen einzelner Mitgliedsländer erforschen zu können.
Wir können uns – beim gegebenen breiten Nichtwissen hinsichtlich der Spongiösen Hirnerkrankungen – bei allen Maßnahmen nur auf unsere allgemeinen Kenntnisse über Viren besinnen und müssen deshalb wenigstens Mindestabwehrmaßnahmen durchführen. Dazu gehört: die Einfuhr jeglichen potentiell kontaminierten Fleisches zu unterbinden. (Ich will an dieser Stelle nicht diskutieren, warum es im Sinne der

Hygienemaßnahmen wichtig ist, den Erreger als Virus und nicht als Prion anzusehen.)

Daß Fälschungen vorkommen können, ist selbstverständlich. Absolute Sicherheit kann der Bürger deshalb nicht vom Staat fordern. Aber das Machbare darf er als Souverän des demokratischen Staates fordern – und das Machbare in bezug auf die Gesundheit der Bürger der Bundesrepublik steht in keinster Weise in irgendeinem Zusammenhang mit englischer Wirtschaftspolitik. Krankheit mit Todesfolge läßt sich nicht relativieren; sie abzuwehren hat Vorrang vor allen Wirtschaftsinteressen.
Die Möglichkeit, auf den Einkauf von Rindfleisch zu verzichten, hat Herr ... gerade gewählt. Er – und mit ihm seine Familie – hat für diese Einstellung soeben seine derzeitige Existenz ... aufgegeben.
Erlauben Sie mir hierzu eine persönliche Anmerkung. Herr ... hat sich seinen geraden Rücken bewahrt – das ist weit mehr, als wir Bürger von Berufspolitikern gewöhnt sind. Solch konsequente Haltung vermag deshalb wahrscheinlich Menschen viel intensiver zu beeindrucken und zu beeinflussen als stromlinienförmige, austauschbare Politiker. Möglicherweise bestimmen solche Fragen, bei denen es um Leben und Tod geht, insbesondere auch das Wählerverhalten bei künftigen Wahlen.

Mit freundlichen Grüßen

Kari Köster-Lösche

Literatur

(Kleine Auswahl besonders aussagefähiger Arbeiten bzw. Zusammenfassungen)

A. Bultmann, F. Schmithals (1994): Käufliche Wissenschaft. Experten im Dienst von Industrie und Politik, Knaur Nachf., München

B. W. Chesebro (1991): Transmissible Spongiform Encephalopathies: Scrapie, BSE and Related Human Disorders, Springer-Verlag, Berlin etc.

Z. Davanipour et al. (1985): A Case-Control Study of Creutzfeldt-Jakob Disease. Dietary Risk Factors, American Journal of Epidemiology, Vol. 122, No. 3, S. 443

S. F. Dealler, R. W. Lacey (1990): Transmissible spongiform encephalopathies: The threat of BSE to man. Food Microbiology, **7**, S. 253

H. Diringer, M. Özel (1995): Übertragbare spongiforme Enzephalopathien – wodurch werden sie verursacht? Spektrum der Wissenschaft, Heft 3, S. 52

D. C. Gajdusek (1977): Unconventional Viruses and the Origin and Disappearance of Kuru, Science, Vol. 197, No. 4307, S. 943

M. Herbst (1993): Die bovine spongiforme Enzephalopathie – eine neue Gefahr für Mensch und Tier? Rundschau für Fleischhygiene und Lebensmittelüberwachung, Jahrg. 45, Nr. 1, S. 1

R. Heynkes (1995): Rinderwahnsinn – Durch die moderne Medizin erst gefährlich, Therapiewoche, Nr. 15

O. R. Kaaden (1994): Unkonventionelle Erreger – Eine Gefahr für Mensch und Tier? Berl. Münch. Tierärztl. Wschr. **107**, 044-048

K. Köster-Lösche (1995): Die großen Seuchen. Insel Verlag, Frankfurt/M, Leipzig

M. Özel, H. Diringer (1994): Small virus-like structure in fractions from scrapie hamster brain, The Lancet, Vol. 343, S. 894

S. B. Prusiner (1995): Prionen-Erkrankungen, Spektrum der Wissenschaft, Heft 3, S. 44

J. Rifkin (1994): Das Imperium der Rinder, Campus Verlag, Frankfurt, New York

Presseveröffentlichungen:

(1) Die Rindfleisch-Connection. Die Woche, 20. Januar, 1995

(2) Seuchenpfad aus der Tierwelt. Der Spiegel, 13/1993

(3) Vorwürfe gegen amtliche Tierärzte. Nordfriesland Tageblatt, 5. September 1994

(4) Ärzte antworten allen, die Angst vor BSE-verseuchtem Rindfleisch haben. Bild, 8. 1. 1995, zitiert nach Medical Tribune, Wiesbaden

(5) Spiel mit dem Wahnsinn. Focus 37/1994

(6) Fleischqualität wurde nicht ausreichend geprüft. Norderstedter Zeitung, 13. 4. 1995

(7) Rinderwahnsinn kein großes Risiko? FAZ, 29. 3. 1995

(8) Deutsches Tiermehl nicht diskriminieren. Allgemeine fleischer zeitung, 16. 3. 1994

Lutz Bernau
Schmerzfrei ohne Tabletten
Das große Akupressurbuch. Vorwort von Prof. Dr. med. Adolf-Ernst Meyer.
125. Tsd. 312 S. mit zahlr. Abb. Pbck.
ISBN 3-431-02421-1
Bestseller seit vielen Jahren

Dr. med. Mathäus Fehrenbach
Kneipp A-Z
2. Aufl. 232 Seiten mit Abb. Geb.
ISBN 3-431-02612-5

Dorothy Hall
Handbuch Irisdiagnose
Das Auge als Spiegel der Gesundheit
192 Seiten. Pbck.
ISBN 3-431-03315-6

Hans Höting
Die Moxatherapie
Wärmepunktur - Eine klassische chinesische Heilmethode.
256 Seiten mit zahlr. Abb. Pbck.
ISBN 3-431-03219-2

Dr. Patrick Horay/David Harp
Die 10-Minuten Heißwassertherapie
Schnelle Hilfe bei Rückenschmerzen und Verspannungen.
112 S. mit zahlr. Abb. Pbck.
ISBN 3-431-03316-4

Monika Husel/Astrid Stein/ Gernot Knaus
Natürlich Heilen – Umweltmedizin heute
Die erfolgreichsten Therapien der Welt.
160 S. Pbck.
ISBN 3-431-03287-7

Monika Husel/Gernot Knaus/ Hans Finck (Hrsg.)
Nie wieder krank
Neue Therapien gegen Allergien, Candida, chronische Müdigkeit.
2. Aufl. 128 S. Pbck.
ISBN 3-431-03198-6

Dr. med Josef H. Kaiser (Hrsg.)
Das große Kneippbuch
Handbuch der naturgemäßen Lebens- und Heilweise.
Sonderausgabe.
10. Aufl. 596 S. mit vielen Abb. Geb.
ISBN 3-431-02286-3

Sebastian Kneipp
Meine Wasserkur– so sollt ihr leben
Herausgegeben und bearbeitet von Dr. med. Christian Fey
2. Aufl. 512 S. mit. 12 farb Abb. Zahlr. Zeichnungen. Geb.
ISBN 3-431-02981-7

Peter Köster
Spagyrik
Die Alternative: Heilung aus Pflanzen.
240 Seiten. Pbck.
ISBN 3-431-03154-4

Kevin und Barbara Kunz
Durch die Füße heilen
Anleitungen zur Reflexzonen-Therapie.
4. Auflage. 156 S.
mit 363 Zeichnungen. Pbck.
ISBN 3-431-02666-4

Ulrich W. Teleu/ Michael A. Grenzebach
Wer heilt, hat recht!
Naturheilweisen–wie sie wirken, was sie können.
130 S. mit farb. Abb. Pbck.
ISBN 3-431-03048-3

Norbert Wölfl
Ganzheitstherapie bei Allergien
128 Seiten. Pbck.
ISBN 3-431-03078-5

Ratgeber Ehrenwirth